中国记忆丛书

丝绸中的记忆

国家图书馆 编

国家图书馆出版社

图书在版编目（CIP）数据

丝绸中的记忆 / 国家图书馆编. -- 北京：国家图书馆出版社, 2013.12

（中国记忆丛书）

ISBN 978-7-5013-5275-3

Ⅰ.①丝… Ⅱ.①国… Ⅲ.①古丝绸－介绍－中国 Ⅳ.①K876.9

中国版本图书馆CIP数据核字（2013）第298982号

书　　名　**丝绸中的记忆**

编　　者　国家图书馆　编

责任编辑　耿素丽　王燕来

装帧设计　九雅工作室

出　　版　国家图书馆出版社（100034 北京市西城区文津街7号）

（原书目文献出版社 北京图书馆出版社）

发　　行　（010）66114536　66126153　66151313　66175620

66121706（传真），66126156（门市部）

E-mail　cbs@nlc.gov.cn（邮购）

Website　www.nlcpress.com→投稿中心

经　　销　新华书店

印　　装　北京嘉彩印刷有限公司

版　　次　2013年12月第1版　2013年12月第1次印刷

开　　本　710×1000毫米　1/16

印　　张　14

印　　数　1-1500册

书　　号　ISBN 978-7-5013-5275-3

定　　价　128.00元

编纂委员会

鸣谢传承人：

娄金莲	沈永昌	屠荣翔	朱　枫	周双喜
金　文	钱小萍	王金山	叶永洲	刘晨曦
蒙如君	周康明	叶　娟	康玉生	戴明教
李娥瑛	顾文霞	姚建萍	余福臻	张玉英
蒋雪英	姚惠芬	张美芳	赵红育	金蕾蕾
刘爱云	柳建新	江再红	陈少芳	林智成
康惠芳	孙庆先	郝淑萍	康　宁	吴通英
宋水仙	韦桃花	李发秀	林　媞	王素花
任本荣	汪国芳	许谨伦	吴元新	王振兴
刘大炮	王阿勇	张仕绅	梁　珠	杨光成
如则巴柯·麦提图尔荪			王河生	徐义林
金铁铃	弓春香	宋志明	徐永良	包文其

前　言

丝绸，是中国人民的伟大发明，也是中华民族对世界文明的巨大贡献。从桑蚕到丝绸，从一片桑叶、一只蚕茧，再到一缕丝线、一片绸缎，走过了数千年的光阴，这细密的丝线，经纬纵横，把这大自然的宝贵馈赠和祖先的伟大智慧紧紧地交织在一起，络绎不绝，代代相传。丝绸以其特有的细腻、光滑的质感和优秀的实用性，为中国的物质文明增添了绚丽的光彩，更承载了中华民族的审美追求和精神向往。可以说，丝绸的性格，正是中国人的性格：温润、细腻、热情、浪漫，对和平与美好的生活充满向往。丝绸之路，既把丝绸传播给了全世界，也把丝绸身上所承载的中国性格，传播给了全世界。

几千年来，丝绸和丝绸文化已经深深地融入了中国人的生活，影响着中国人的价值取向、思维方式和文化认知，是中华民族最宝贵的文化遗产之一。为了保护和传承中国丝绸文化，国务院已将与蚕丝织绣相关的77个项目列入国家级非物质文化遗产名录。在文化部的支持下,国家图书馆“中国记忆”项目启动了国家级丝绸项目及代表性传承人的专题资源建设工作。同时，由文化部非物质文化遗产司、国家图书馆和中国丝绸博物馆联合举办的“丝绸中的记忆——中国蚕丝织绣暨国家级非物质文化遗产项目特展”也在国家图书馆开展。展览介绍中国丝绸的发展历史，展示重要的历史文献、文物和影像，并邀请国家级代表性传承人现场演示，力图从多角度、多层面向公众展示中国丝绸的价值与魅力。我们相信，古老的丝绸，正在放射出新的光彩，以其所特有的魅力，继续受到人们的喜爱；我们更相信，古老的丝绸之路，也将焕发出新的生机，把中国和世界各国紧密相连，继续成为中外文明的交流之路，友谊之路，繁荣之路。

为了让人们更好地认识丝绸，了解丝绸文化，特编辑此书。我们希望以浅显易懂的方式,为读者提供一点帮助。

编　者

2013年12月

目　录

第一章
认识蚕丝

野生和家养的蚕吐丝所形成的茧是缫（sāo）丝织绸的原料，被誉为“纤维皇后”。蚕的种类有很多，一般可以分为桑蚕（家蚕）、柞蚕、蓖麻蚕、樟蚕、柳蚕、木薯蚕和天蚕等品种。这几类蚕中丝产量最大的是桑蚕，桑蚕是对人类贡献最大的昆虫之一，因此桑蚕被中国人称为天虫、家蚕。

一　天虫

家蚕是完全变态的寡食性昆虫，最适合的天然食料是桑叶。家蚕的一生短暂而忙碌，它用一个多月的时间经历卵、幼虫、蛹和成虫四个发育阶段，吐丝结茧是它一生最好的作品。

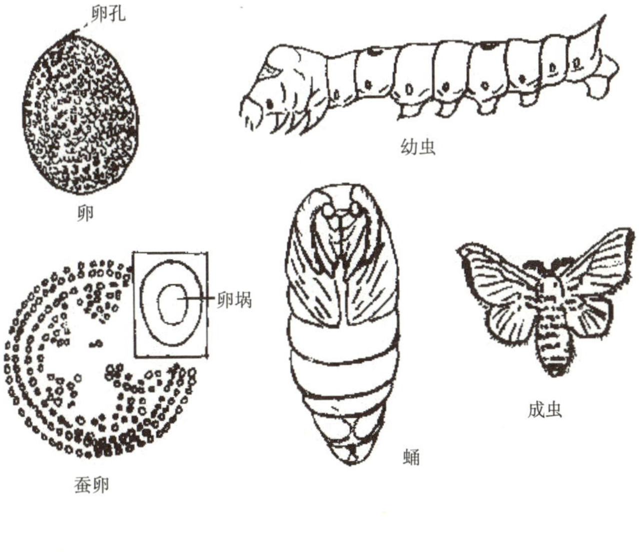

图1　桑蚕的不同发育阶段

从蚕卵内刚孵化出来的幼虫，身体多为褐色或黑色的，且有很多细毛，形状很像蚂蚁，所以被称为蚁蚕。经过不断地生长发育，蚁蚕形成新皮蜕下旧皮，这个过程叫做蜕皮。在蜕皮之前，幼虫食欲逐渐减退直至不再进食，而且在这个过程中也不再运动，这就是“眠”。一般家蚕在幼虫期都要眠四次，相应的就要蜕皮四次。两次蜕皮之间的时期被称为龄期，如从卵孵化到第一次蜕皮之间是第一龄，第一次蜕皮到第二次蜕皮之间是第二龄，以此类推，而眠是划分龄期的主要依据。当幼虫发展到第五龄的后期，逐渐体现出老熟的特征，最主要的标志是吐丝结茧，这时的蚕被称为熟蚕。熟蚕在吐丝结茧之后，即在茧内蜕皮化蛹，再蜕下蛹皮，化为蚕蛾。蚕蛾的生殖器官已经发育成熟，可以交配产卵，繁育后代。

熟蚕是细长的，呈圆筒形，由头部、胸部和腹部三个部分组成。头部前端有一层骨质化的壳片，这些壳片呈半球形，颜色是灰褐色的，随着品种和龄期的不同逐渐由浓变淡，外部坚硬，表面生有细毛。头部壳片的背面有一个头颅沟缝，把头部分成三大块：中央三角形的一块称为额，左右两块半球形的壳片称为颅侧板。与头部相连的是胸部和腹部。胸部有三个体节，每一个胸节的腹面有一对胸足。腹部是由十个体节组成，从第三节到第六节的腹面各有一对腹足，第十节还有一对尾足。蚕爬行主要依靠的是腹足和尾足。另外在第一胸节和第一至第八腹节的体侧各有一对气门，第八腹节的背面上有一个尾角，第十腹节的背面有一个肛上板。成熟的雌蚕在腹部的第八和第九节腹面，左右对称地各有一对乳白色的小圆点，称为石渡氏腺。而成熟的雄蚕则在第八和第九个腹节之间的腹面中央处，有一个乳白色的椭圆形囊状体，称为赫氏腺。

家蚕五龄末期，完全停食，体驱缩短，身体趋向透明，就准备吐丝结茧了。

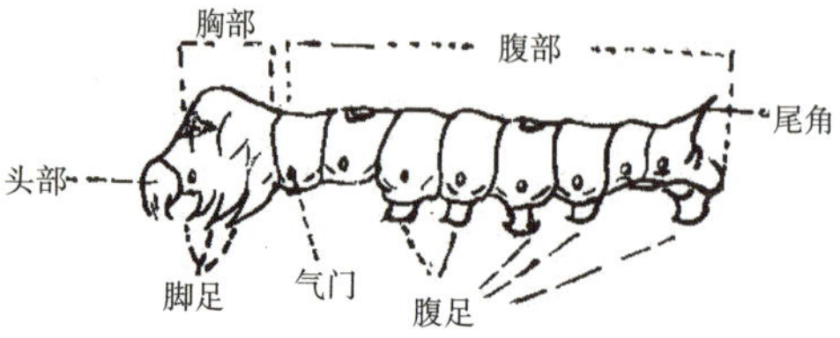

图2　桑蚕的外形

二　吐丝

家蚕老熟上蔟之后就吐丝将四周的蔟枝联结起来，不规则地反复缠绕若干回，形成蚕茧外面的支架，然后在支架里面，吐丝形成丝胶含量多且厚度不均的蚕衣。然后蚕体开始弯曲成“C”形，头胸部开始有规则地摆动，吐出“S”形或“8”字形的丝圈，由前向后进行编结，在一处结到一定厚度后，就更换位置，这样一层一层结下去，形成许多重叠的丝片，这些丝片由丝胶粘着，从而构成了一个茧层。到了结茧的后期，蚕体开始显著缩小，头部摆动缓慢且失去了协调性，这样吐丝就失去了规律性，丝的含胶量也逐渐减少，丝质疏松，于是在茧层内部形成了松乱的丝层，称为蛹衬，就这样蚕最终完成了吐丝结茧的过程。

家蚕体内有一种分泌腺即丝腺，它位于消食管的腹面两侧，左右各一个，开口在下唇吐丝孔的前端。整个腺体可以分为吐丝管、前部丝腺、中部丝腺和后部丝腺。由丝腺分泌出的物质是一种黏稠性的、半流动的液状丝。其中主要含有两种物质，其一是丝素，其二是丝胶。丝素是由蚕后部的丝腺分泌出来的，而丝胶是由中部的丝腺分泌出来的。丝素和丝胶都是由多种氨基酸组成的，但其结构有明显的差异，丝素不能溶解在水中，而丝胶有亲水性的基因，所以能够溶解在水中。

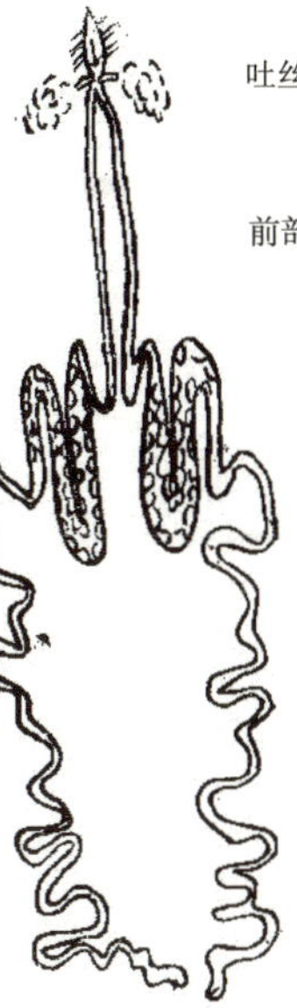

图3　桑蚕丝腺的示意图

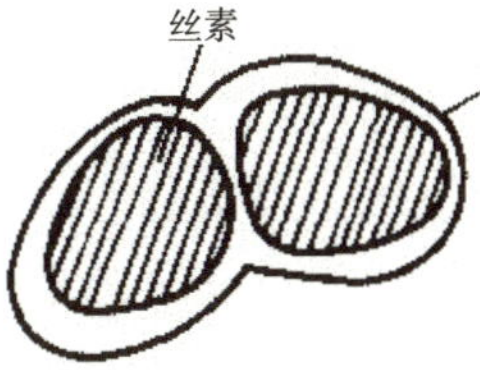

图4　桑蚕丝的横截面

当蚕吐丝的时候，凭借蚕体内部的体壁肌肉和腺体本身的收缩机制，液体状丝素由后部丝腺向前排出，经过中部丝腺时，被分泌出来的丝胶包裹，成为柱状的丝物质，再往前到吐丝管，经过左右丝腺前端的管腔，在共通管处汇合，再经由榨丝区的挤压成型，最后通过吐丝孔排出体外，这些液态的丝状物质在这个过程中纤维化为一根茧丝，简单来说这个原理就是，丝胶使两根丝素黏合形成茧丝。

由于外界条件和蚕本身的体质等因素的差异，桑蚕茧的形态各异，一般有椭圆形、球形、椭圆束腰形和纺锤形等不同的形状。目前中国饲养的桑蚕品种，茧的颜色均为白色，所以又称白茧。但是由于季节、饲养环境、上蔟条件等因素的影响，茧色有纯白、白带微黄、白带微绿等。一般上蔟时，在温度和湿度适宜的条件下，茧色会呈现纯白色，在多湿和高温的条件下，茧色会呈现出白带米黄色，而夏秋时候的蚕茧一般是白带微绿色。

三　制丝

通常所说的制丝，是指将蚕茧丝制成生丝的工艺流程。制丝工艺过程包括混茧、剥茧、选茧、煮茧、缫丝、复摇、整理、检验。

1.混茧

制丝的蚕茧来源千差万别，通常人们把一个茧站的干茧称为庄口茧。把两个或两个以上的庄口茧均匀混合，这个过程就被称为混茧。混茧的目的在于扩大茧批的数量，使较好的茧带动较次的茧，以此来平衡茧的质量，提高生丝的产量和质量。混茧的方法有毛茧（带茧衣）和光茧（不带茧衣）混茧两种。毛茧混茧因为附着着茧衣，所以混茧不均匀，但对于茧层损伤较少；光茧混茧虽说比较均匀，但是容易损伤茧层。混茧的操作可以由人工或者机械完成。

2.剥茧

剥茧就是剥去茧层外面的茧衣。茧衣是蚕茧表层的凌乱的丝线，因为丝胶含量多，并且丝缕很细，所以不能用来缫丝，只能用作丝绵和纺绢的原料。剥去蚕衣之后，便于进行下一步的选茧和煮茧，而且有利于提高生丝的质量。另外，蛹衬是蚕茧最内层的丝线，由于丝缕松散，也不能用来缫丝。

3.选茧

蚕茧形态不同，而且茧的质量也是有区别的，一般来说蚕茧可分为上茧、次茧和下茧。下茧不能缫丝，如双宫茧、重黄斑茧、口茧、柴印茧、软绵茧等；次茧可用来缫低级的丝，如硬绵茧、薄头茧、有色茧等；上茧可缫制较高等级的丝。正因为如此，在煮茧之前，需要进行选茧，把不能用来缫丝的茧剔除，选择符合缫丝工艺的茧。

4.煮茧

为了顺利进行缫丝，必须进行煮茧。煮茧的目的在于借助水、热和某些化学助剂的作用，把蚕茧外围的丝胶适当膨化和溶解，这样可以减少蚕茧丝之间丝胶的黏着力，以便在缫丝时能连续不断地依次舒解蚕茧。

煮茧的方法有很多，但原理是一致的，都是利用丝胶能够在热水中溶解这一特性。一般来说煮茧可分三个过程，即渗透、煮熟和调整。渗透是利用茧腔内外的压力差，使茧层适当膨胀，达到茧腔吸入水分，并渗入到茧层内部的目的。在茧层渗入水分之后，茧丝之间的黏着力虽然减小了，但是仍然难以缫丝，所以煮熟的目的在于为茧层丝线舒解提供必要的条件和能量，使得茧层的丝胶体积膨胀，黏着力降低，为缫丝提供便利。调整是调整茧的吸水和煮熟的程度，从而使得茧层的丝胶得到均匀的溶解，不至于没达到或超过能够缫丝的程度。

5.缫丝

在煮茧之后，由于茧丝的强度低而且长度有限，所以单根的茧丝不能直接使用。缫丝就是将煮熟的蚕茧丝缕离解后理出正绪，之后集合若干根茧丝合成生丝的工艺过程。缫丝一般有以下七个工艺流程：索绪、理绪、添绪、集绪、捻鞘、卷绕和干燥。

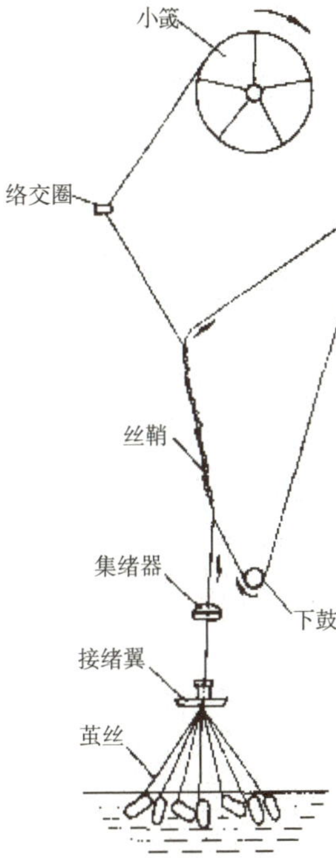

图5　缫丝工艺流程图

索绪就是从无绪茧的茧层表面引出绪丝的过程。首先将若干煮熟茧放在索绪锅的汤水中，之后用索绪帚摩擦茧层，从而将茧层表面的绪丝引出。在索绪时，不能使绪丝和丝胶溶失过多，所以必须掌握好时间、温度、茧量以及汤量。

理绪就是将索绪得到的有绪茧放在理绪锅中，除去杂乱的绪丝，加工成一茧一丝的正绪茧。理绪后的正绪茧，是缫丝添绪过程中的备用茧，所以理绪时必须弃尽糙丝，同时注意防止过多拉弃好丝，以节约缫丝的原材料。

在缫丝的过程中，由于正绪茧的茧丝很细，而且长度有限，会造成落绪（落蛹衬）的状况，这样会使生丝的纤度变细。为保证生丝的密度达到规定，在落绪之后，必须及时填上正绪茧的绪丝，这种将正绪茧丝添加到缫制中的绪丝群的过程叫做添绪。

在添绪的过程中，茧丝群中的每根茧丝本身含有大量水分，而且彼此之间缺乏联系力，强度比较差，这样形成的生丝质量达不到规定的要求。因此，经过添绪后形成的丝条，不能直接卷绕成生丝，必须穿过集绪器，使松散的绪丝群集合在一起，除去各种疵点，并减少附着在丝条上的水分，这个过程叫做集绪。

经过集绪后的茧丝，其抱合度还不够紧密，丝条中还存在不少水分，所以必须使前后的丝段相互绞捻，以散发水分，提高丝条的抱合度和圆整度，这个过程称被为捻鞘。

经过捻鞘后的丝条，必须使用丝条卷绕装置做卷绕。等到丝条卷绕至规定重量时，就停缫松丝。卷绕线的速度与产量、质量有着密切关系。如果卷绕线的速度过快，超过机械和技术的限度，生丝质量就会下降，所以必须准确掌握卷绕的时机。

刚卷绕好的丝条吸附着大量水分，如果不及时进行烘干，会使丝条黏结，这样会造成丝色不良，降低生丝产品的质量，而且会影响到后面的工序。所以必须在热空气中加以烘除，这个过程即是干燥。烘干要做到及时和充分，为此，必须使丝条在卷绕的同时受热干燥。

现今缫丝时多采用缫丝机完成，目前中国普遍使用的缫丝机分为立缫机和自动缫丝机两大类。立缫机主要是手工操作，对蚕茧的纤度要求高，主要是定粒缫丝。而自动缫丝机的缫丝过程和原理与立缫机大体相同，只是索绪、理绪、添绪、拾落绪茧等操作均由机械完成。

6.复摇

复摇的目的在于除去缫丝时造成的部分疵点，使丝片花纹平整，干燥适度，保持生丝的弹性和强度。

7.整理

经过复摇的丝片如果不加整理，容易造成丝绪紊乱，所以整理的目的就在于使丝片保持一定的外形，使丝色及其品质得到保障。整理的工序包括丝片编检、绞丝、称丝、配色、打包成件入库。

8.检验

生丝检验可以从重量检验和品质检验两方面入手，重量检验主要包括净重量的检验和公量检验；品质检验主要包括外观的检验和器械检验两类，外观检验又可分为整理检验和性状、颜色、光泽等方面的检验，器械检验可分为切断、纤度、均匀、长度、强力及抱合力检验等。

经过这几个步骤之后，生丝的制作就算完成了。根据纺织的需要，可以在织造之前把丝胶脱去，这样的丝我们称之为熟丝。之后生丝和熟丝就可以用作丝绸织物的经纬线原料了。

第二章
丝绸的历史

中国是世界上最早发明家蚕养殖和丝织技艺的国家。早在公元前3000年以前，中国人就已经成功驯化了野生桑蚕，并利用蚕丝织造丝绸织物。丝绸一直就是中国皇帝赠与邻国和属国的主要外交礼物，并且远在丝绸之路开辟之前就已经是外国人最为欣赏的奢侈品之一。

一　史前至商周

中国古代关于丝绸起源的记载很多，流传最广、影响最大的莫过于黄帝元妃嫘祖始创种桑养蚕之术和马头娘的传说，现今一些地区仍然保留着蚕神崇拜的习俗。

考古界发现最早的桑蚕实证是1926年山西夏县西阴村仰韶文化遗址（约公元前3500年）出土的半个蚕茧，现藏于台北“故宫博物院”。此后，1958年在浙江省湖

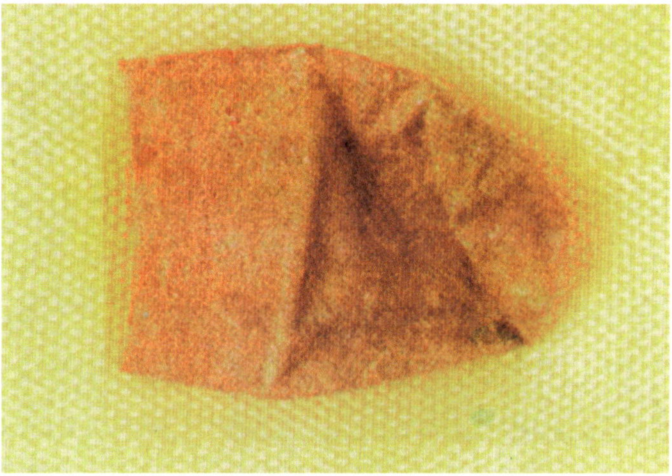

图1　半个茧壳。山西夏县西阴村仰韶文化遗址出土

图2　绢片。浙江湖州钱山漾良渚文化遗址出土

图3　织物残片。河南荥阳青台村仰韶文化遗址出土

州钱山漾良渚文化遗址出土了约公元前2500年的绢片、丝线和丝带，1984年在河南省青台村仰韶文化遗址中发现了约公元前3500年的丝麻纺织品，这两处遗址是南北方蚕丝制品的最早物证，说明新石器时代长江流域和黄河流域已开始生产丝绸。此外，各地还出土了很多新石器时代表现蚕、蛹形象的刻画或雕刻，皆为中国先民早期桑蚕活动的见证。

图4　蚕纹牙雕——目前所知最早的蚕形刻画。浙江余姚河姆渡出土

商周时期，统治者十分重视桑蚕业的发展，视桑蚕生产为社会经济中的重要行业，纺织技术快速提高。

从考古文物可以看出，当时贵族阶层的随葬玉器、青铜器上经常以丝绸包裹，来显示他们的身份等级和经济实力。殷墟妇好墓中，有50多件青铜礼器表面附有织物，其中约40件是丝织物。商代的甲骨文，有很多与蚕、桑、丝相关的文字和问询蚕事的卜辞，反映了纺织生产及其产品在当时社会生活中的重要性。

至晚在战国时期，中国出现了提花织机，丝绸的品种逐渐丰富，包

图5　黏附有雷纹条花绮的玉戈。商，北京故宫博物院藏

图6　黏附在大圆尊上的重平丝织品。河南安阳殷墟妇好墓出土

图7　舞人动物纹锦。战国，湖北江陵马山一号楚墓出土

括帛、绢、纱、锦、绫、罗、绮等，其中锦的出现代表了当时丝绸工艺技术的最高水平，是丝绸史上一个重要的里程碑。这一时期的染色工艺已经较为发达，工艺程序较为完备，且形成了较丰富的染色谱系。《诗》三百中，以蚕、桑、丝为题材的诗大量出现，涉及种桑、采桑、养蚕、缫丝、纺织等蚕桑生产的各个方面，反映了西周王室腹地及周边地区纺织业的繁荣情况。

桑蚕丝绸业的发达，对中国传统礼乐文化的确立起到了很大作用。《礼记》记载：丝绸只能由王室成员使用。周代礼仪制度中的冠服制度对五礼（吉、凶、宾、军、嘉）场合不同等级的人所着服饰的形制、色彩、图案都做了严格的规定。《尚书·皋陶谟》中最早出现了关于“十二章”的记载，此后，绘制在天子与群臣礼服上的十二章纹饰，成为中国古代封建舆服制度的一个重要组成部分。

这一时期，中国的丝绸已经通过中亚大草原，到达了南亚的印度、西亚的伊朗、欧洲的希腊、非洲的埃及。这条交通路线在战国时期的《穆天子传》和公元前5世纪希腊人希罗多德的《历史》中皆有记述。早期的“丝绸之路”横跨7000多公里，开辟了中国对外交流的通道，为汉唐时期丝绸业的繁荣奠定了基础。

二　秦汉

秦汉至南北朝时期，是中国丝织业快速发展的时期，丝绸产量大幅度增加。

汉代的统治者以“农桑为本”，鼓励百姓种植桑麻，轻徭薄赋，这一政策复苏了汉代经济，使得家庭丝织业逐渐成为农民生活中的重要内容。蚕桑丝织产区明显扩大。秦汉时期，北方的山东、河南、河北是主要的丝织品供应区。伴随着魏晋南北朝时期政治经济重心的南移，四川成都地区的丝绸业得以发展，织锦业在全国处于领先地位；江南地区的丝绸业经过东吴政权和南朝政府的经营也得到进一步发展，使江南成为全国重要的丝绸产区，为唐代中期以后江南丝织业的崛起奠定了基础。

在丝绸技术方面，斜织机、卧机、多综多蹑机以及低花本提花机等新式织机的发明和应用，不仅提高了丝绸生产的效率和质量，也丰富了丝织物的种类。江苏、山东、成都等地均出土过刻有斜织机的画像石，这种织机较原始织机操作时更加便捷省力，结构灵巧，大大提高了生产率。三国曹魏时期的马钧在多综多蹑机的基础上进行了改革、简化，操作上更加便捷省力，为新花色品种的出现创造了条件。

从这一时期的考古发现可看出，锦、罗、绮、轻纱、绉、縠、绸、绫、绢、刺绣等丝织品种都获得了充分的发展，特别是织锦，不仅结构复杂，而且纹样、色彩都极具表现力，反映了当时的提花技术已达到极高水平。马王堆汉墓出土的西汉织锦、尼雅古墓出土的东汉时期的“五星出东方利中国锦”是其中的典型代表。北朝时期出现平纹纬锦，标志着技术发

图8　纺织画像石。东汉，江苏铜山洪楼出土

图9　龙纹纬锦。汉晋，新疆尉犁营盘出土

图10　汉晋绮地锁绣局部

图11　五星出东方利中国锦护膊

图12　龟甲忍冬纹刺绣边饰。北魏，甘肃敦煌莫高窟出土

图13　联珠对孔雀“贵”字纹锦。北朝—隋，新疆吐鲁番阿斯塔那出土

展所带来的丝织物新特点。在艺术风格上，由于当时人们对神仙世界的向往，以各种祥禽瑞兽、神仙灵异为主体的云气纹颇为流行，形成一种绮丽迷幻的仙境氛围。南北朝时期，受到西北少数民族入主中原以及佛教思想传入等影响，丝绸纹样显示出多民族融合与多元文化碰撞的特点。丝绸纹样中出现了来自中亚、西亚的各种动物、神祇与人物、植物等。在构图方式上，出现了全新的联珠纹样，特别是北朝后期逐渐增多的联珠动物纹样，成为隋和唐前期中国丝绸中最重要的装饰题材。

文献史料方面，发达的丝绸业对文字的影响从当时非常普及的西汉学童的识字读物《急就篇》和东汉许慎的《说文解字》中有明确的反映。《急就篇》中，记录的丝织品名称有10多种，色彩的名称有20多种；《说文解字》中，“糸”旁的字共有267个，纺织品色彩的名称有39种。说明汉代丝绸业的发达与在民间的普及，以及染色后的丝绸已作为色谱的名称得到了社会的公认。北朝时期贾思勰的《齐民要术》问世，它是我国现存

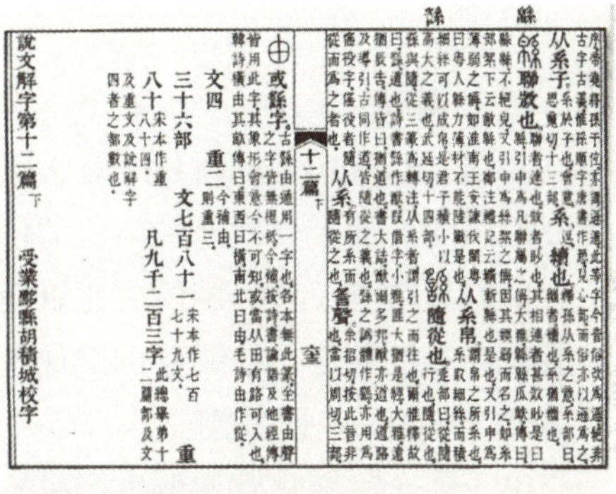

說文解字第十二篇下

受業鄞縣胡積城校字

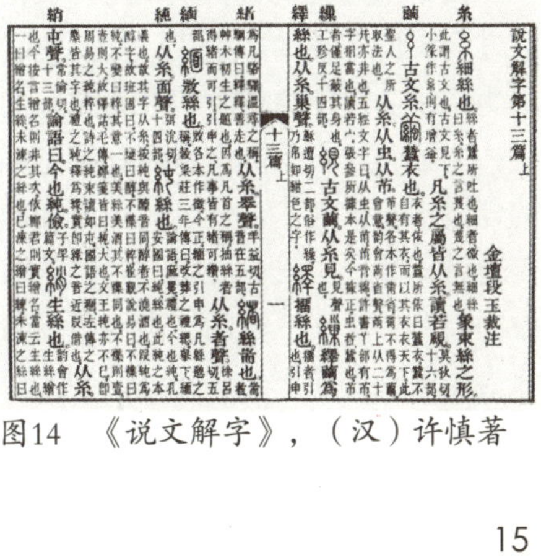

說文解字第十三篇上

金壇段玉裁注

图14　《说文解字》，（汉）许慎著

最早、最完整的农业科学著作，也是世界上最古老的农业科学著作之一。它对北方地区的蚕桑养殖技术和丝绸染色技术作了详尽描述。

汉武帝时期，张骞两次出使西域，开辟了一条横亘欧亚大陆的丝绸贸易通道。“丝绸之路”沿途出土的大量汉代丝绸织物就是当时贸易繁荣的物证。作为蚕丝织物的发源地，从史前到汉代中国一直是世界上唯一生产丝绸的国家。以致罗马人称呼古代中国为“赛里斯”（Serès），意为出产谜一般的丝绸的国家。自魏晋南北朝开始，中国的蚕种与丝绸生产技术开始外传，相继传播到西域、中亚和欧洲，为世界的蚕丝生产做出了巨大贡献。

三　隋唐

隋唐是开放华美的时代，有大气恢宏的法度，给人一种蓬勃向上的信心、希望和热情。各民族的文化以新的形式进一步融合，丝绸业也出现了自秦汉以来的又一次高潮。

由于隋唐时期官营丝绸生产机构的进一步增多，加之唐代的均田制和租庸调制度，使男耕女织成为基本的生产形式，丝织品的产量和丝绸产区的规模不断扩大。除传统的中原和巴蜀地区，随着“安史之乱”后经济重心的南移，长江下游的江南地区逐渐成为全国重要的产区。此外，许多边远地区如陇西、岭南等地也有丝绸业

图15　棕色绞缬绢。唐，新疆吐鲁番阿斯塔那出土

图16　花卉纹夹缬绢。唐，新疆吐鲁番阿斯塔那出土

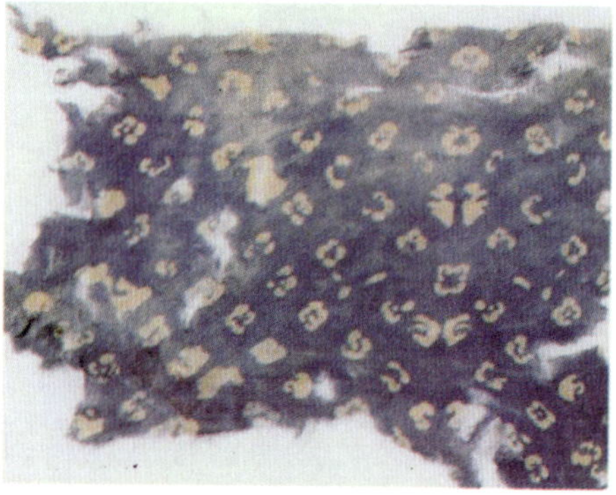

图17　蓝底蜡缬绮。唐，青海都兰热水出土

的生产。

隋唐时期，丝绸的生产技术具有明显提高，大体可分为织、染、绣三类。

织造品种的变化最为显著。根据出土实物分析，唐代已出现束综提花机。唐代丝绸织物中最重要的织锦，除沿用早期的平纹经锦外，斜纹纬锦也大量出现。纬锦的确立与发展，不仅是织锦品种的重大变革，更标志着织锦技术的跨越性发展。这一技术变革对后世提花织物的影响极其深刻。此外，双层锦、织金锦，缂丝、织成、红线毯、绫、罗、纱、縠等丝绸品种也各有发展。

唐代丝绸品种丰富的原因，除了织造技术的革新外，还在于后期的印染工艺。唐代的织造方法已有绞缬、夹缬、蜡缬、灰缬等，且技法都已相对成熟，印花和印金工艺也蓬勃发展。

刺绣主要用于衣裙、帷幔等生活用品的装饰和佛像等宗教艺术品的绣制。主要绣法除了传统的锁绣、平绣，还出现了较为复杂的金银线刺绣。

在中西交融之中，中国丝绸纹样不断推陈出新，开创了灿烂奇丽的一代唐风，并影响到日本、朝鲜等东

图18　罗地压金绣花卉。唐，陕西扶风法门寺地宫出土

图19　黄底联珠小团花纹锦。唐，新疆吐鲁番阿斯塔那出土

图20　中窠小花对含绶鸟锦。唐，甘肃省博物馆藏

图21 黄底狮凤穿花锦。唐，青海都兰热水出土

亚国家，大量西域风格的联珠纹样出现在中原丝织物上。其中最具影响的是团窠宝花和“陵阳公样”。中唐时期，写实主义风格开始影响到丝绸艺术，折枝花鸟图案逐渐兴起，标志着中国装饰艺术史上一个新时代的到来。

在文献史料方面，仅从唐诗中即可看到大量例证，体现了当时丝织业的发达状况。白居易的《缭绫》《红线毯》、王建的《织锦曲》等，都提及了众多丝织品的名称、品种以及织染工艺的制作过程。蚕桑丝绸已逐渐融入中国的传统文化之中，不仅是人们生活的必需品，更成为文人墨客吟咏的题材。

唐代经济的快速发展，是与交通路线的发达密切相关的。大运河的开凿，勾连了南北交通的网络。“陆上丝绸之路”主要有西域道、西藏道、永昌道三条路线，沿途的考古发现足以证明当时贸易的繁荣。另外，随着海外贸易的兴起，“海上丝绸之路”承担起对外输送、流通的功能，丝绸产品通过东海和南海两条航线，分别输往朝鲜半岛、日本和东南亚、印度乃至由阿拉伯传播到欧洲。伴随着空前的经济文化交流，一方面促进了唐代先进的丝绸技术向世界范围的传播，另一方面也使国外的丝绸产品和技术（如波斯锦、西亚纬显花技术等）流入中国，一定程度上促进了中国丝绸技术的飞速发展。

四 宋元

宋代发达的手工业和尚文重理的文化氛围，使得文化精神和审美意识得到充分地物化，思想精致的光芒降临到物质之上，形成了宋代丝绸精雅的面貌。元代统治中国不足百年，但是它结束了宋、金、西夏分裂对峙的局面，重新统一了货币和度量衡，为经济文化的繁荣创造了条件，元代的丝绸文化具有多文化融合的特点。

北宋丝绸生产以黄河流域、江南地区和四川地区为重要产区。北方的“北绢”、“东绢”颇负盛名，曾被辽金强行索要。南宋以后，北方地区的丝绸生产逐渐衰落，江南地区丝绸生产占绝对优势，浙江已成为名副其实的“丝绸之府”。四川依靠传统优势，仍承担了大部分锦、绮等高档丝织品的生产。元代植棉纺织的广泛传播和迅猛发展也使得桑蚕业产区趋于集中。

宋元的官营织造机构具有相当大的规模，代表了当时丝绸生产的最高标准，集中了全国各地区的大批优秀工匠，征调蚕丝原料，进行空前规模的大生产。此外，江南民间丝织业也有较大发展，杭州、平江（今苏州）、集庆（今南京）是民间丝织品的主要产地，以丝织品为业的生产兼贸易集镇也逐渐兴盛起来，湖州的丝、嘉兴的绢已经闻名全国。

宋元的丝绸生产技术日渐成熟，形成了一整套从栽桑、养蚕至牵经、络纬、上机织造的技术体系。其中，发展较为典型的工艺是印花手绘和刺绣技术。丝绸直接印花与手绘工艺较为发达，有凸版印花和镂空版印花两种类型，手绘装饰流行一时，主要形

图22　双虎纹印花绢，南宋，福建福州黄昇墓出土

图23　钉金绣盘凤，辽，私人收藏

图24　鹰纹织金锦，元，北京故宫博物院藏

图25　缂丝莲塘乳鸭，（南宋）朱克柔，上海博物馆藏

式有线描、线描填彩和彩绘等；刺绣技艺在宋代更是达到了后世难以企及的历史高度，宋绣从针法上可分为平绣和钉线绣两大类，此外还有补绣等特殊绣种。著名的南宋古墓黄昇墓出土的绣品多样，是一批极珍贵的刺绣技法完整的南宋绣品，共十余种针法。生产工具已有脚踏缫车、高楼提花绫机、罗机等，为明清丝绸生产技术的发展奠定了基础。

图26　紫地罗花鸟纹刺绣夹衫满池娇

宋元丝绸品种十分丰富。其一，织锦类产品在继承传统的基础上有了新的发展，纬锦已成为织锦的主要形式，辽式纬锦是其中的主流。织金技术被广泛应用，元代统治者出于游牧民族的审美好尚，特别喜爱将金线织入锦缎的织金锦，使织金锦成为元代最重要的丝绸品种。织金锦可分为两大类：纳石失和金段子。其中，纳石失数量较少，但档次更高，且织造者多有伊斯兰背景，几乎成为元代皇家丝绸的象征，而金段子更多地继承了汉文化传统。其二，来自西域的缂丝传入内地后与宋朝盛行的书画之风结合，出现了沈子番、朱克柔等名家，发展出摹缂书画作品的缂丝艺术品，并向缂织帝王御容、佛像和服饰领域发展。其三，缎纹织物光滑、亮泽、柔软，备受推崇，而得到长足发展。此外，绫、绮类产品大量生产，纱、罗、绉类品种也备受推崇。

丝绸纹样中，植物类题材兴起，改变了此前以动物纹样为主体的格局。几何纹样的诸多变化形式，也是历史上少见的。最普遍的几何纹样为"琐文"，是宋式织锦的代表纹样。反映游牧民族狩猎活动的"春水秋山"纹样，则是体现了辽、金丝绸中鲜明的北方民族特点。元代的丝绸纹样繁密富丽，很多如帝王专用的双角五爪龙、八宝、吉祥纹样和满池娇等都对明清丝绸产生了重要影响。

宋元时期的另一个重要特征是涌现出一批关于蚕丝生产的专著，如宋代陈旉的《农书》、秦观的《蚕书》和楼璹的《耕织图》，元代官方编纂的《农桑辑要》、王祯的《农书》、薛景石的《梓人遗制》和刘基的《多能鄙事》等。其中，南宋楼璹的《耕织图》及其配诗生动形象地表现了当时耕织生产的整个工艺过程，为研究宋代丝绸生产技术提供了极好的史料依据。

在对外贸易方面，由于北宋时期辽与西夏的掣肘，汉唐时期盛极一时的"陆上丝绸之路"被阻断。"海上

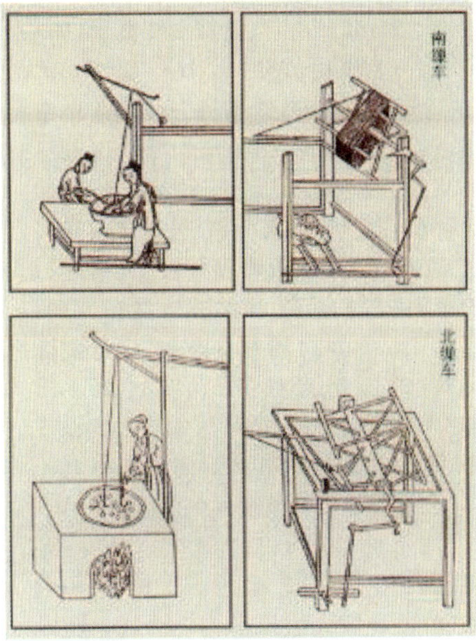

图27　《农书》中的南缫车和北缫车。（元）王祯

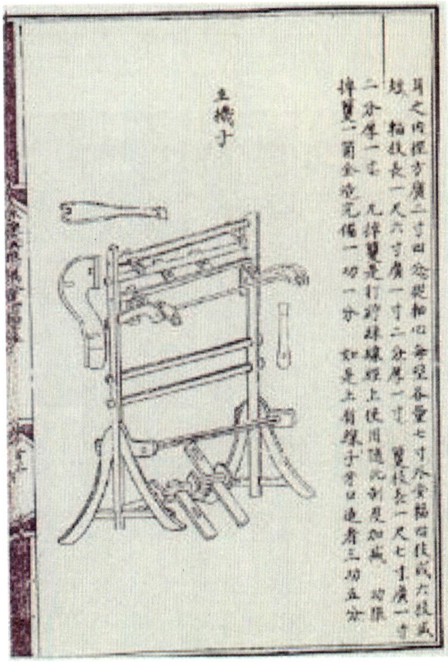

图28　《梓人遗制》中的立机子。（元）薛景石

图29　《耕织图》中的提花织机。南宋，中国国家博物馆藏

丝绸之路”几乎成为宋代对外贸易的唯一通道，政府设立市舶司，管领海商，东至朝鲜、日本，南至南洋、印度，西至波斯、阿拉伯等国，都有商业往来，海外贸易十分发达。元代重新开通了“西北丝绸之路”，海上丝绸贸易也发挥了更为重要的作用，大部分丝绸是通过海路输出的。中国的生丝与丝绸经由“丝绸之路”输往世界各地，尤其对日本、朝鲜等国的丝绸业产生了很大影响。

五　明代

明朝建国之初，政府采取了一系列鼓励农桑生产的措施，促进了社会经济的进步，丝绸业也获得了较快的发展。

明代蚕丝业产区形成了以江南为中心的区域性密集生产，其中苏、杭、松、嘉、湖为五大丝绸重镇。川蜀地区是第二大桑蚕产区，以保宁府阆中的蚕丝最为著名。

明代官营织造业规模较大，且相对集中在京城与江南地区。除去南京与北京设立中央染织机构外，还分别在丝绸产区的苏州、杭州及全国二十多处地方设立地方织染局，供应宫廷和政府每年所需的缎匹。明代工匠管理分为官匠和民匠，实行轮班服役制度，后改为出银代役，逐步放宽对工匠的人身控制，促进了民间织染作坊与机户的发展。

明代丝绸技术由于其专业化的生产得到了极大的提高。栽桑、养蚕技艺在前人经验的基础上不断革新突破，缫丝中“出口干”、“出水干”技术已较为成熟且投入应用，织造工艺相对完备。我们可从两方面得到印证：一方面，明代文献记载丰富，宋应星的《天工开物》和徐光启的《农政全书》等明代科技著作中可以看到较为详尽的对丝绸技术的记载；另一方面，大量工艺精湛、品种齐全的文物出土，尤其是明定陵大量丝织物的出土，为我们提供了珍贵的实物资料，表明明代丝织业已达到了前所未有的高度。

明代丝绸产品种类繁多，不断推

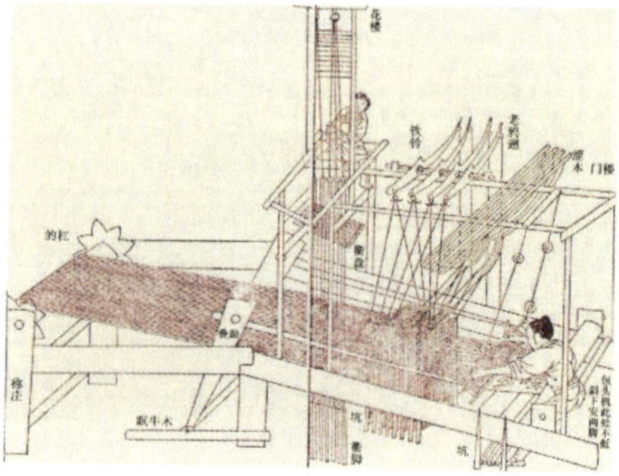

图30 《天工开物》中的花楼织机。（明）宋应星

图31 明定陵出土织金孔雀羽团龙袍料。南京云锦研究所复制

陈出新。其一，缎织物盛行，深受人们喜爱。明清时，一般裱画时所说的“裱绫”，有不少是五枚暗花缎，如明代湖州双林镇倪家以织绫著称，所织倪绫“龙眼突起有光泽”，是一种朝廷奏本的专用裱绫。其二，妆花工艺是明代丝织技术的重要进步，主要用于高档织物上，是明代丝织品的一大特色。妆花织物除可织入金线外，还可将珍贵的孔雀羽毛捻线后织入。其三，绒类产品的问世是明代丝绸技术的重要成就之一。主要有素绒、剪绒（漳绒）、抹绒和缎绒等，是明代丝绸中十分昂贵的产品。其四，缂丝和刺绣工艺也在继承传统的基础上进一步发展。实用品的代表如明定陵出土的“缂丝十二章福寿如意纹衮服”。艺术性极高的缂丝作品如辽宁省博物馆所藏的《梅花绶带图》，艺术性刺绣当以上海露香园的顾绣为代表。明代缂丝与刺绣中绘画作品的流行，说明艺术对工艺的渗透和影响已越来越明显了。

一方面，明代丝绸图案代表着严苛的等级意义，是封建礼制的载物。服饰的纹样和色彩必须遵照礼制程式。属于国家服饰礼制的丝绸纹样，有皇族的龙纹、十二章，高官近臣的蟒袍、飞鱼与斗牛，文武百官的麒麟、白泽。另一方面，明代晚期民间丝绸图案迎合趋吉纳福的心理需求，具有较浓的民俗色彩，寓意吉祥的纹样十分流行，反映了明代社会市井文化的蓬勃发展以及艺术上世俗化的倾

图32　明，缂丝十二章福寿如意纹衮服复制件

图34　顾绣洗马图。明，北京故宫博物院藏

图33　缂丝梅花绶带图。明，辽宁省博物馆藏

图35　缂丝童子攀花。明，法国吉美博物馆藏

向。

明代实行海禁，对外贸易为政府控制下的朝贡贸易，丝绸产品以朝廷赐赏的形式流入周边国家和地区。明中期以后，海禁渐开，中国的生丝与丝绸大量销往日本、欧洲和美洲，促进了世界各地蚕桑丝绸业的发展。

六　清代

清代康熙年间，朝廷采用了一系列措施，丝绸生产得以恢复和迅速发展。康熙皇帝命焦秉贞仿南宋楼璹《耕织图》绘制新图，并亲自写序题诗，称为《御制耕织图》，强调桑蚕生产的重要性。

清代的桑蚕技术基本沿袭明代，但也有所发展，相关技术著作较多。“湖丝”在缫丝生产中依然一枝独秀，其中最负盛名的就是产自湖州南浔的“辑里湖丝”。

朝廷改革赋税制度，废除匠役制度，提高手工业者的积极性，促进了民间丝织业的发展。同时，缩小官营织造的规模，除北京外，仅设江宁织造局、苏州织造局和杭州织造局，俗称“江南三织造”，负责供应宫廷和官府需要的各类丝织品。民间丝织业生产规模有所扩大，涌现出一批繁荣的丝绸织造重镇，产品种类繁多，内销市场繁荣。在地域上进一步向环太湖地区和珠江三角洲集中，特别是江南地区在规模和水平上成为全国丝绸业的中心。

清代丝织品在明代类型的基础上进一步完善，并形成了一定的地方特色。其一，织锦、妆花是江南三地织造局的重要产品。最著名的当属云锦和宋锦，都在明代基础上有了飞跃发展。云锦产自南京，是清代的高档丝绸产品，包括库缎、织金、织锦和妆花四个大类，在品种设计和织造技术上达到了很高水平。宋锦产自苏州，不同于云锦的是，较多地保留了唐宋时期织锦的技艺特点。其二，缎类产品品种繁多，可居清代丝织品各类别之首。纱、罗、绫、绢、绸、绒类产品都各具特色。其中，浙江嘉兴濮院、湖州双林都以产绫著称。其三，刺绣、缂丝等工艺也得到相应发展。至19世纪中叶，随着刺绣商品的活跃流通，出现了许多独具特色的地方绣，其中声誉最高的是京绣、粤绣、

图36　珐琅彩瓷盘上的《御制耕织图》。清，法国吉美博物馆藏

苏绣、蜀绣和湘绣，后四种有“四大名绣”之称。

清代丝绸纹样，在构图布局、造型设计、润色方法等形式上都继承和吸收了明代丝绸纹样的精髓，但也形成了自己的风格，如造型柔细、色彩丰富、布局满密、追求写实效果等。纹样题材则延续反映中国传统儒家文化和思想的吉祥图案，西方洛可可风格对中国传统丝绸艺术带来一定影响，但范围仅局限在宫廷等上层社会。

在对外贸易方面，清初厉行海禁，康熙时期一度放宽，但后来又加强了对进出口贸易的限制，实行广州一口通商。尽管如此，中国对日本的生丝出口和对欧洲各国的生丝与丝织品出口仍然达到了相当规模。

1840年鸦片战争后，外国资本相继在华兴办工矿企业。外资或合资丝厂的建立是列强对中国进行侵略和掠夺的一项重要举措，但在客观上也带来了西方先进的工业技术、生产设备和经营管理模式，并催生了中国第一

图37　苏绣《秋》。清，私人收藏

图38　粤绣孔雀开屏镜芯。清，清华大学美术学院藏

批近代丝绸企业，为中国丝绸业的全面近代化准备了条件。1860年英商怡和洋行在上海开办的机器缫丝厂是中国第一家近代缫丝企业。华侨商人陈启沅1872年在广东南海创办继昌隆缫丝厂，开创了中国近代民族丝绸工业的先河。1897年清代杭州太守林启创办了蚕学馆，这是近代教育史上最早的以丝绸为专业的高等学府。

七　民国至现代

随着工业革命对中国的影响，有些手工行业在机器制造工业的竞争下日渐衰落，有些行业成功向机器制造转化，而那些在中国传统的社会文化和自然环境中产生发展起来的特殊手工技艺，则依旧保持传统的轨道。

具体在丝织行业中，科技的进步、机械化的应用是近现代发展的最显著特点。人造丝开始被引进到丝织品的生产之中，原料的多样性促进了丝绸产品的不断创新。缫丝生产从坐缫机、立缫机发展到自动缫丝机；丝织生产中，织机也从铁木织机、有梭织机发展到无梭织机；丝绸印染方面，从传统的“一缸二棒”手工操作发展到机电一体化印染机械，在工艺上也不断改进提高，大幅度提升了丝绸产品的染色质量和印花方法。自清末缫丝厂纷纷成立后，1911年杭州创办了第一家丝织厂——振新绸厂；同时近代绢纺厂和丝绸印染厂也先后在上海、浙江、江苏等地出现，丝绸印染厂的重要性逐渐增加。1949年以后，丝绸行业的科技含量不断提高，国际市场在历经风波后逐渐回暖，市场需求开始转旺。

为了改善蚕丝的品种，蚕区掀起了蚕种改良运动。至20世纪50年代，桑蚕主要产区集中在江苏、浙江以及四川、广东等省；60年代以后，蚕区规模有所扩大，山东省也逐渐成为重要产区。辽宁则是中国柞蚕茧和柞丝绸的主要产地。

推动中国近代丝绸业快速发展的另一重要原因在于各地桑蚕学校、染织工业教育的兴起。毕业于浙江工业学堂的都锦生开发了中国第一幅像景织物，从而诞生了一个新的产业。中国著名美术教育家、画家陈之佛1915年毕业于浙江甲种工业学校，1917年出版了中国第一部图案教科书。在蔡元培的亲自过问下，1928年国立艺术院（今中国美术学院）在杭州成立，设图案科。这些专科学校及其毕业生们为中国丝绸业机械的国产化进程以及丝绸图案设计做出了极大的贡献。

随着一批新式丝绸企业的兴建和近代蚕丝绸教育的兴起，以及丝织技术的引用和应用，中国丝织物品种得到极大的丰富和发展。20世纪60年代中国对丝织品的分类、定名和编号做出统一规定，将绸缎产品划分为十四大类。真丝产品、人造丝产品和合纤产品的品种结构在建国以来的数十年中不断变化，总的来说，人造丝产品的比例趋于下降；合纤产品在70年代起步后重要性不断增加，生产量在丝绸产品中占据首位。

丝绸作为中国出口创汇的重要产品，出口市场主要面向东南亚、日本、印度、美国、欧洲和中东地区等。出口产品结构则经历了以生丝等原料性出口向服装制品等成品类出口的演变。20世纪60年代初，丝绸出口从前苏联和东欧国家转移到西方国家，丝绸花样、风格也相应发生了较大变化，优秀的传统得到继承并被赋予了新的意义。

蚕丝的优越性能，不仅造就了富有光泽、色彩鲜艳的名贵织物，也以其光滑、柔韧的特点应用在古琴等古代乐器之中，一定程度上影响了中国传统文人音乐的审美偏好，并且作为中国传统书画的基本材料被长期使用。因其久远的历史和经济上的重要性，家蚕的基因已成为现代科学的重要研究对象。近年来，以蛋白质为主要成分的绢丝，除了在衣料领域发挥其优质的纤维功能外，还开发出各种新的功能性材料，拓宽了蚕丝的用途。例如，在食品领域，开发了丝素粉、丝精、蚕丝保健产品；在医疗领域，研发出接骨材料、手术缝线、人造血管等；在工业领域，丝素膜还可用于加工隐形眼镜；在化妆品领域，可用于粉底材料、护发产品等。

自21世纪初，中国“非物质文

图39　万里长城织锦画

化遗产保护工程”启动，与丝绸相关的77个项目经国务院批准入选国家级非物质文化遗产名录,使得众多坚守传统丝绸行业的老人成为国家级非遗项目代表性传承人，人们更多地从文化的角度重新认识我们的丝绸。代表了中华民族传统文化、曾使世界为之兴叹的中国丝绸，伴随着中华文明的诞生，见证了各朝代的荣辱兴衰，也必将共同迎来新中国21世纪的璀璨未来。

第三章
织造、印染、刺绣

中国传统的丝绸生产包括织造、印染、刺绣的整个过程。使用各种丰富精巧的织机、工具和原料，织造出精美华丽的绫绢、织锦、缂丝，印染出绚丽缤纷的颜色，再加上巧趣精细的缝纫刺绣，就组成了华丽缤纷的中国丝绸。

一　织造

织造，指将经线和纬线进行交织从而形成丝织品的工艺过程。

1. 丝织品的分类

中国古代丝织品是以天然长丝——蚕丝为原料织成的制品，也是我们常说的“丝绸”。据文献记载和考古发现，中国早在商周时代已有罗、绢、锦等丝织品。后来，随着历朝历代丝织技术的提高，丝织品的品种也日益繁多。古代丝织品分类，一般根据工艺上的生织或熟织、织品的花或素、经纬线的粗细或多寡等为依据。赵丰先生在《中国丝绸通史》中对丝织品作了如下分类：

丝织品种分类表

<table>
<tr><td colspan="4"></td><td>平纹</td><td>斜纹</td><td>缎纹</td><td>绞经</td><td>起绒</td></tr>
<tr><td rowspan="2">生织</td><td rowspan="2">单层</td><td colspan="2">非提花</td><td>绢类</td><td>素绫</td><td>素缎</td><td>纱罗</td><td>素绒</td></tr>
<tr><td colspan="2">提花</td><td>绮(绫)</td><td>暗花绫</td><td>暗花缎</td><td>暗花纱罗</td><td>漳缎</td></tr>
<tr><td rowspan="8">熟织</td><td rowspan="3">单层</td><td rowspan="2">通梭</td><td>非提花</td><td colspan="5">条格图案、晕繝、絣等</td></tr>
<tr><td>提花</td><td>色织绮</td><td>色织绫</td><td>闪缎</td><td>熟线罗</td><td>经彩绒</td></tr>
<tr><td colspan="2">非通梭</td><td>缂丝</td><td></td><td></td><td></td><td></td></tr>
<tr><td rowspan="5">多层</td><td rowspan="2">地结单插合</td><td>通梭</td><td>花绢</td><td>花绫</td><td>花缎</td><td>花纱、花罗</td><td>织彩绒</td></tr>
<tr><td>非通梭</td><td>妆花绢</td><td>妆花绫</td><td>妆花缎</td><td>妆花纱、妆花罗</td><td>妆花绒</td></tr>
<tr><td rowspan="3">双插合</td><td>暗夹型</td><td>平纹锦</td><td>斜纹锦</td><td>缎纹锦</td><td></td><td></td></tr>
<tr><td>双层型</td><td>双层锦</td><td></td><td></td><td></td><td></td></tr>
<tr><td>特结型</td><td>织锦绢</td><td>织锦绫</td><td>织锦缎</td><td></td><td></td></tr>
</table>

图1　平纹组织

图2　斜纹组织

图3　缎纹组织

上表中生织指先由生丝织造后精炼染色即先织后染的工艺；熟织指先染后织的工艺。素织指以基本组织织成，可能形成简单条格图案；提花指将各种组织相互组合，可形成图案。单层提花指基础组织或在平面上的基础组织组合；提花重组织指立体的基础组织组合。平纹组织指由经线和纬线以一上一下相间交织而成的织物组织；斜纹组织指经纬线的交织点呈现倾斜度的织物组织；缎纹组织指经纬线交织次数较平纹和斜纹组织少，单独组织点相距最远，浮长线长而多；绞经是纱罗组织所用的工艺，纱罗组织指通过经纱的相互扭绞与纬纱的交织在织物表面形成清晰而均匀小孔的组织，外观具有直条或横条形纱孔，织物结构紧密却有清晰的孔眼；起绒组织指织造时织入铁丝状的假衬纬，织好后抽出衬纬，织物表面形成绒圈，然后或剪或割加工成绒面的组织。

古代的大部分丝织品种流传至今，但随着科技的发展，人造丝和合纤丝等人造纤维也应用到丝绸生产中，所以现代意义上的丝绸不再局限于纯蚕丝织物，而是将以蚕丝、人造丝、合纤丝等天然或化学长丝为原料的纯纺或交织成的织物称为丝织品。虽然现在大部分丝织品仍然沿用古

图4　纱罗组织

图5　起绒组织

时的名称，但其所代表的物质已有差异。为规范和统一中国的丝织品种，1965年国家纺织工业部制订了《丝织品分类定名及编号》，根据丝织品的组织结构、生产工艺、材料、外观特征以及用途综合分类，将其分为14大类：纺、绫、缎、绉、绡、绢、绒、绸、纱、罗、锦、绨、葛、呢，其中每一大类中根据原料可分为桑蚕丝织物、人造丝织物、合成纤维丝织物、柞蚕丝织物与交织织物；根据用途可分为服装用绸、装饰用绸、工业用绸等，共有将近2000个品种。

纺

《说文·糸部》："纺，纺丝也。"《仪礼·聘礼》载："宾裼，迎大夫,贿用束纺。"本义为纺丝，也指一种素色纱绢。

纺，平纹组织，质地轻薄，平整细洁，手感滑爽，较为耐磨，又称纺绸。原料可为桑蚕丝、涤纶丝、人造丝等，也可以是以长丝为经，人造棉、绢纺纱为纬交织而成。品种有电力纺、杭纺等。

唐代白居易《寄生衣与微之因题封上》："浅色縠衫轻似雾，纺花纱袴薄于云。"

图6 真丝印花电力纺

图7 晚唐—五代，黄底卷草纹二色绫

绫

《说文·糸部》：“绫，东齐谓布帛之细曰绫。”《正字通丝部》：“织素为文者绮、光为镜面有花卉状者曰绫。”

绫，斜纹单层织物，质地细薄，光泽较好，种类有提花和不提花两大类。绫是在绮的基础上发展而来，汉代散花绫是丝织品中花纹最多的，可与刺绣媲美。唐代有双丝绫、镜花绫、吴绫、交梭绫、缭绫等，宋代有白花绫、莲绫、水波绫、越州寺绫等。现代有素绫、花绫、采芝绫、美丽绫等。

唐代薛昭蕴《醉公子》：“慢绾青丝发，光研吴绫袜。”

图8 清，宝蓝底织金彩“普天同庆”妆花缎

缎

《正字通·糸部》：“緞，今厚缯曰缎。”

缎，缎纹组织，缎纹是基础组织中出现最迟的一种，至今尚未发现宋代以前的缎织物实物。缎织物表面光滑明亮，精致细腻，织物正反面有明显差别，因织物表面浮长线多而

长，故易擦伤、起毛、勾丝。缎可熟织也可生织，按其织造和外观可分锦缎（如织锦缎、古香缎）、花缎（如花软缎）、素缎三种。两宋辽金时期有五枚缎、条纹缎、销金彩缎等，元代有正、反五枚暗花缎，明清有妆花缎、宋锦缎、闪缎、摹本缎等。

绉

《说文·糸部》："縐，絺之细也。"

绉组织（即以原组织或变化组织为基础，以增减、调移、结合组织点的方式，在织物表面形成错综排列、无明显规律、凹凸起皱外观的组织），有肌理感，质地轻薄，光泽柔和，手感糯爽，富有弹性，抗皱性较好。如中薄型的双绉、轻薄透明的乔其纱、湖绉等。

宋代黄庭坚《古风次韵答初和甫》："冬愿纯绵对阴雪，夏愿绉絺度盛阳。"

图9　清，雪青湖绉彩绣裙

绡

《说文·糸部》："綃，生丝也。"一种生丝织物。

绡，平纹组织或透孔组织（透孔组织即由于经纬线浮长不同，在交织作用下，经纱相互靠拢集合成束，束间出现均匀分布的纱孔），表面有方正清晰的孔眼，经纬密度较低，轻薄透明，却不柔软，有一定的爽挺度。品种有真丝绡、闪光绡、建春绡等。

唐代王勃《七夕赋》："停翠梭兮卷霜縠，引鸳杼兮割冰绡。"

图10　印花建春绡

绢

《说文·糸部》："絹，缯如麦茎。"

绢，平纹组织或重平组织（重平组织即在平纹组织基础上，沿着经向或纬向延长组织点所构成的组织，织物表面呈现出纵向或横向的凸条纹），由经纬线一上一下相间交织而成，先染色后织造，没有花纹。表面细密平整，挺括坚韧，质地轻薄，可用以题诗作画或装裱。品种有素绢、织金绢、丛花绢、天香绢等。明代规定四民之末的商贾不能穿贵重的丝织品，只能穿绢和布（棉布、麻布）。

唐代皮日休《鸳鸯》："双丝绢上为新样，连理枝头是故园。"

图11　明，白底五彩刺绣花卉禽兽纹绢片

绒

《说文·糸部》："絨，细布也。"

绒，表面有耸立或平排的紧密绒圈或绒毛的丝织品，质地丰腴柔软，色泽鲜明柔和，悬垂性很好。丝绒是高级丝织品，费工费时，价格昂贵。明代宫廷中用天鹅绒作冬季的烟墩帽。

图12　刻花天鹅绒

图13　清，湖青底织金莽纹绸

绸

《说文·糸部》："綢，缪也。"

绸，平纹组织或平纹变化组织（平纹变化组织即以平纹组织为基础，沿经纬其中某一方向或两个方向延长组织点，使组织循环扩大、演化而来的组织），经纬交错紧密，所以质地一般较为密实，耐用性较好。西汉前，绸主要是用各种粗乱丝条纺纱织成的平纹丝织物，较耐磨。六朝时开始有粗、细之分。唐代将绸作为贡品，品种较多。宋代以后，常用精练丝在平纹地上起本色花，称暗花绸。明清以来绸成为最常用的丝织物，人们常以"丝绸"指代丝织物。品种有绵绸、双宫绸、鸭江绸、塔夫绸等。

宋代仲并《李彦平寄题静海吏隐堂二诗甚佳因赋一篇》："黄绸被底衙声罢，永日庭闲讼不哗。"

纱

《集韵·麻韵》："紗，绢属。"

纱，纱组织（即每织入一根纬纱，绞经扭绞一次），表面具有透明的纱孔，密度低，质地轻薄。品种有绉纱、香云纱、庐山纱、织金纱等。湖南长沙马王堆一号西汉墓出土一件素纱禅衣，衣长128厘米，袖长190厘米,包括领和两袖镶边在内仅重49克。

唐代王维《洛阳女儿行》："谁怜越女颜如玉,贫贱江头自浣纱。"

图14　清，蓝色底织五彩云金莽纹妆花纱朝袍料

罗

《说文·网部》："罗，以丝罟鸟也。"本义为捕鸟的网，也指轻软有稀孔的丝织品。

罗，罗组织（即每织入三根或三根以上奇数根纬纱，绞经扭绞一次），质地非常轻薄，挺括而凉爽透气。有方孔的叫纱罗，有花纹的叫花罗。中国罗织物历史悠久，出土丝织物中已有商代的罗残片，战国楚墓中也发现大量花罗。明洪武三年（1370），规定庶人、农人、商贾不得穿罗。罗织物品种有云罗、杭罗、帘锦罗、软烟罗等。

唐代王建《织锦曲》："锦江水涸贡转多，宫中尽著单丝罗。"

图15　唐末　红色菱纹罗

图16　宋锦

图17　蜀锦

图18　云锦

锦

《说文·帛部》："錦，襄色织文也。"《六书故》："织采为文曰锦。"

锦，用彩色丝线织成的有花纹的丝织物。锦采用精练、染色的桑蚕丝为主要原料。吐鲁番出土的唐代相花鸟锦鞋、云头锦鞋集三种锦于一双鞋上，是目前所见的技艺最精湛的唐锦。锦织物的代表品种有：宋锦、蜀锦、云锦。锦织物外观绚丽多彩，质地厚实丰满，古代有"织彩为文"、"其价如金"之说，人们常以锦形容美好事物，如成语中的"锦上添花"、"前程似锦"、"衣锦还乡"等。

宋代王十朋《州宅十二咏 蜀锦亭》："犹余蜀中锦，爱惜比甘棠。"

绨

《说文·糸部》："綈，厚缯也。"

绨，平纹组织，质地较粗厚致密，织纹简洁清晰，手感平挺，秦汉以来常做袍料，引申为眷恋故旧。还有一种用丝线做经，用棉线做纬的纺织品，比绸粗糙厚实，表面较粗糙，叫线绨，又分为素线绨、花线绨、蜡线绨，其中大花纹的线绨常用于做被面，其他大多做衣料。

唐代元稹《酬乐天得稹所寄纻丝布白轻庸制成衣服以诗报之》："湓城万里隔巴庸，纻薄绨轻共一封。"

宋代苏轼《用旧韵送鲁元翰知洺州》："唯君绨袍信，到我雀罗门。"

葛

葛，采用平纹、经重平或急斜纹组织织造，厚实并有明显横菱纹的丝织物。经纬采用相同或不同原料织制，经丝细而纬丝粗，经细纬粗，经密纬疏，地纹表面光泽弱，具有明显的横向凸条纹。葛类织物分为素花葛、提花葛两类，一般用丝做经，棉线或麻线等做纬。葛类丝织物的精练、染色、整理工艺流程与绨相似。品种有文尚葛、缎背葛、金星葛等。

唐代韦庄《雨霁池上作呈侯学士》："鹿巾藜杖葛衣轻，雨歇池边晚吹清。"

呢

呢，斜纹组织或绉组织，经纬丝线较粗，经向为长丝，纬向为短纤维纱。表面光泽较弱、质感丰厚、具有轻微温和的茸毛感的丝织物。丝型呢是以桑蚕丝、人造丝为主要原料织造的，如西湖呢、康乐呢、四维呢、博士呢等。

2.织机

远古的人们是以"手经指挂"完成"织造"的，即将若干纱线的两端一根根地固定在两根木棍上，然后绷紧木棍，用手指一根隔一根地挑起纵向纱线（即经纱），将横向纱线（即纬纱）穿入，方法类似编结。但是这种方法易使纱线纠缠在一起，速度慢、效率低，织成的织物孔径大、面积有限，所以先民发明了织机以代替手指操作。

（1）原始织机——腰机

腰机是现代织机的始祖，它以人的身体作为机架，织轴用腰带系于织工腰上，故称腰机。织工制织时需席地而坐，故又称为踞织机。据研究，从浙江余姚县河姆渡遗址出土的一批

图19　石寨山出土汉代贮贝器上的纺织铸像

图20　腰机织造示意图

木制织机部件为水平式腰机的部件，这说明中国在新石器时代早期就已经出现腰机织造技术，该腰机的形式与云南石寨山出土的汉代贮贝器盖上少数民族妇女所用的织机铸像十分类似。

腰机的织造方法：织造时，织工席地而坐，将经线两端分别成片卷在两根横木上，其中一根相当于现代织机上的卷布棍，将其系在腰间，另一根相当于现代织机的经轴，用脚踏住，以腰背绷紧经线。用分经棍与综杆分别把奇偶经线逐一交叉分为上下两层，形成梭口，以纡子引纬，以打纬刀打纬。织第二梭时，将综杆提起，使下层经线变为上层，形成第二梭口，立起打纬刀固定梭口，以纡子再次引纬，如此循环往复。待一定长度的经线织完后，卷动经轴放出若干长度的经线，卷布轴卷起相应长度的织物，继续织造。

原始腰机构造虽然简单，却包含开口、引纬、打纬等主要织造活动，可以织造简单的布帛，腰机的出现是原始织造技术的重大进步，它为后世陆续出现的各种织机奠定了基础。时至今日，中国一些少数民族依然沿用腰机进行织造，如黎族、彝族、哈尼族、高山族、苗族等。

（2）简单综蹑织机——斜织机和立织机

综蹑织机是带有脚踏提综开口

装置的纺织机的统称。其中，“综”是指织布机上使经线上下交错以投梭受纬的装置。若干经线按照设置穿过综丝，汇聚于综片上，提起综片，经线也随之抬起，形成开口。织造时，综片上下交错，一片提起，其他全部落下。而“蹑”则是指控制综片升降的踏板，一片综对应一根蹑。踩踏在蹑上，综片上下起伏，成语“错综复杂”即是由此而来。织机采用脚踏板与综连动是织机发展史上一项重大发明，它将织工的双手从反复提综的动作中解脱出来，以专门从事投梭和打纬，大大提高了生产效率。简单综蹑织机按照经面角度一般可分为斜织机和立织机，主要用于织造平纹素织物。

斜织机

斜织机是中国出现最早、应用最广的传统织机。因其机身倾斜、经面与水平机座呈一定角度（50—60度）而得名。据史料推测，斜织机至少在战国时代已经出现，而目前发现最早关于斜织机的形象史料，则是江苏铜山县洪楼地区和江苏泗洪县曹庄出土的汉代画像石刻。画像刻画曾母投杼断机的故事。画像中斜织机的机架、经面、脚踏提综板和系置提综杆的前大后小的形似“马头”的部件都刻画的十分清楚，学者据此复原了汉代斜织机。

斜织机便于织工清楚地看到经面平整程度、经纱有无断头等，经轴与布轴张力均匀，可将经纱绷紧且平整，更加利于织造。其结构和织造方法较腰机而言，织工坐在机架前，双脚自然踩踏踏板便可轻松的使经纱上下交错开口，代替了腰机的提综棍并改踞为坐，解放了织工的双手和腰部，不但减轻了织工的负担同时提高了织造速度和质量。

立织机

立织机因经纱平面垂直于地面而得名，其提经、投梭、打纬都在立架

图21　江苏泗洪县曹庄出土的汉代画像石刻

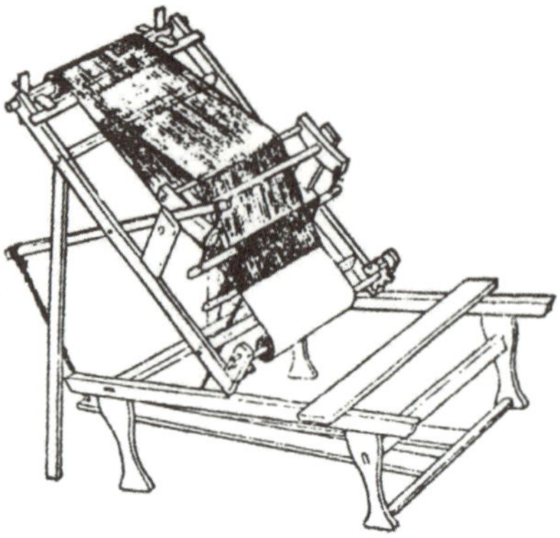

图22　汉代斜织机复原图

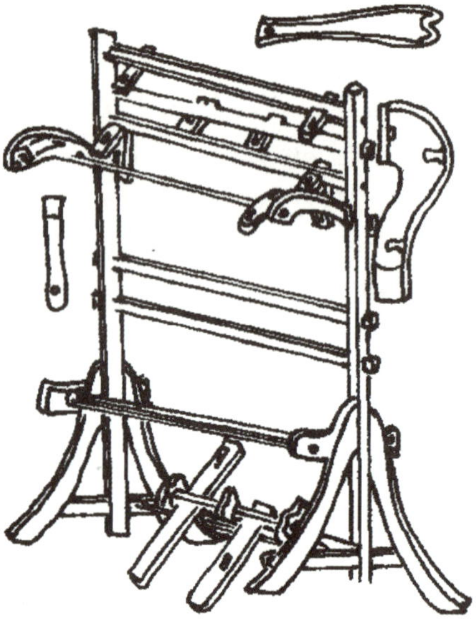

图23　元代薛景石《梓人遗制》中的立织机

提挂的部件联动中完成，织成织物是竖起来的，故又称竖机。立织机最早出现于东汉，在元代薛景石《梓人遗制》一书中称为立机子，该书详细记载了立织机零件图、总体配装图、零件尺寸、制作方法和安装方法等。立织机的两片踏板通过中轴的转动控制单片综升降，从而形成梭口，织机的自然梭口由一组分经机构开启，织机在运动中经轴也随踏板升降，以保持经线张力。其特点为占地面积小，结构简单，易于制造，但由于立织机的经轴位于机架上方更换不便，打纬作上下运动较难掌握纬线密度，所以其普及程度远不如斜织机，随着织机的发展明清后逐步被淘汰。

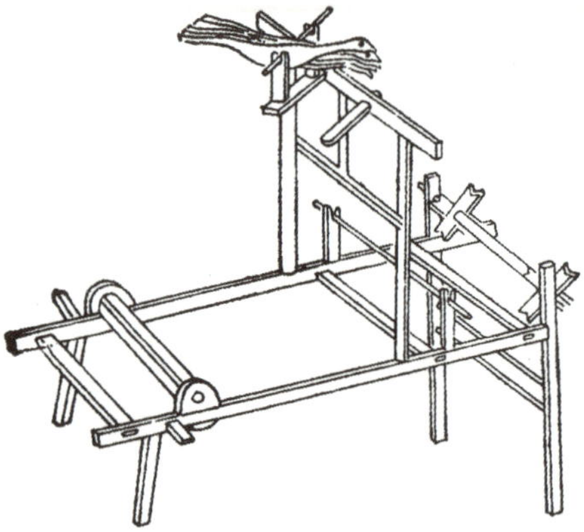

图24　元代薛景石《梓人遗制》中的罗织机

（3）绞经织机——罗织机

罗织物是经纱相互扭绞后与纬纱交织而成的织物，罗织机就是专门用于织造这种绞经织物的织机，其与一般织机的区别就在于机身上装

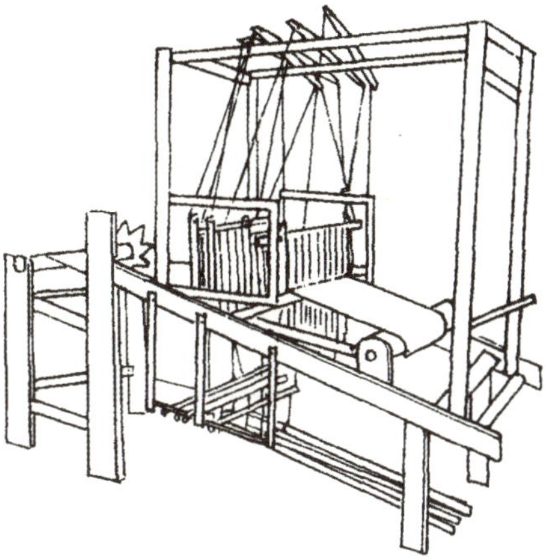

图25　1987年苏州丝绸博物馆复原的罗织机

有独特的开口机构——绞综环，即半综装置。罗织机的经线分为地经和绞经，地经和绞经在织造过程中相互扭转。商周时代主要为二经绞罗，秦汉后发展为四经绞罗，到唐宋出现三经绞素罗以及在素罗上显出平纹、斜纹等结构的花罗。元代薛景石的《梓人遗制》一书中对罗织机有图形记载，1987年苏州丝绸博物馆参考该书的记载成功复原了用于织制四经绞素罗的罗织机。

（4）提花织机——多综多蹑织机、花楼织机、竹笼机

在提花机出现以前，人们织制带有简单几何图案的织物时，需要根据花纹要求，在综蹑织机上安装一定数量的综片，每片综片都要穿入相应的经线。花纹越复杂，安装综片数量越多，蹑的数量也随之增多。渐渐地，这些简单综蹑织机已经无法满足日益复杂化的花纹要求，各种提花织机应运而生。

多综多蹑织机

多综多蹑织机是一种具有多片综片和多根足蹑的提花织机，由简单综蹑织机发展而来，用于织制较复杂的几何纹图案的织物。多综多蹑织机最早出现于战国时期，因其结构较为简单，占地少，造价低，对织工技术要求较低，一般只需一名织工操作即可，所以一直沿用。其工作原理是根据所织花纹中所含纬线数量分成若干份，每份的图案信息储存在一片综片

图26　多综多蹑织机模拟实物

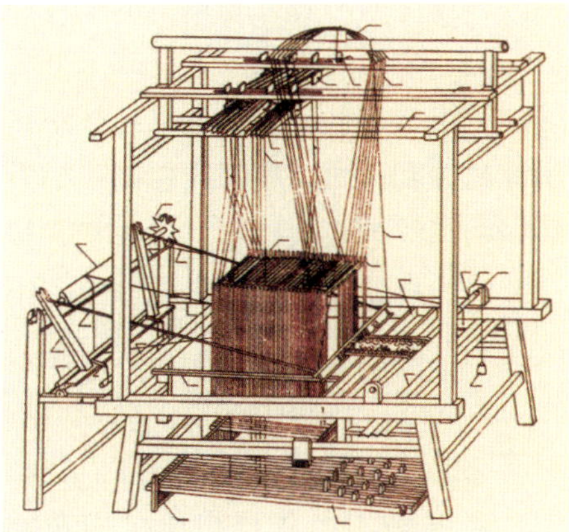

图27　丁桥织机

内，若干综片储存一个完整的图案，织造时，一蹑控制一综，每提升一次综片，预先穿入综片的不同色彩经线压在一根纬线上，织物得到一纬图案，综片依次提升，纬纬相加在织物上组合成完整的图案。

丁桥织机是多综多蹑织机中的典型机型，因其足蹑上布满竹钉，其状类似四川乡村河面依次排列的过河桥墩“丁桥”而得名。丁桥织机以织造“彩条起彩，经线显花”为特色的古代早期蜀锦即古经锦而见长，在西南少数民族地区应用广泛，如四川双流县等。

多综多蹑提花机的不足之处是所织花纹受到限制，只适用循环数极少的对称几何纹。

花楼织机

随着丝绸纹样的发展，花纹循环数量大大增加，构图更为复杂，多综多蹑织机很难满足这种需求，花楼织机应运而生。花楼织机，因其形状似“高楼”而得名，它比一般综片织机高出一个束综提花装置，故又称束综提花织机。其特点是提花经线不再用综片控制，而改用综线控制，提升经线的综线被几根一组打成束状，按设计好的提花纹样进行挑花分组，组成花本，吊挂于花楼之上。花楼织机分为大花楼织机和小花楼织机，适用于不同的纹样幅度和经线密度。花幅大、牵线多用大花楼织机，而花幅小、牵线少则用小花楼织机。

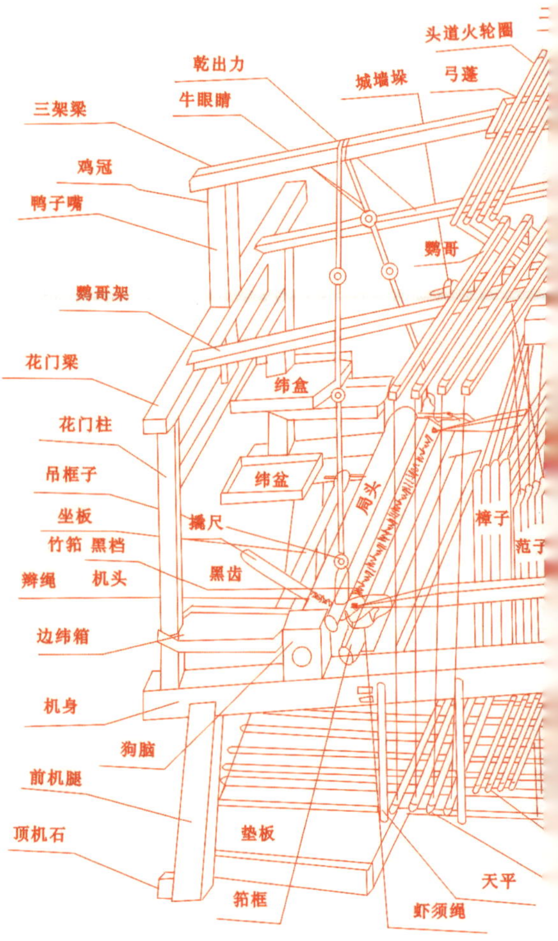

图28　大花楼提花机

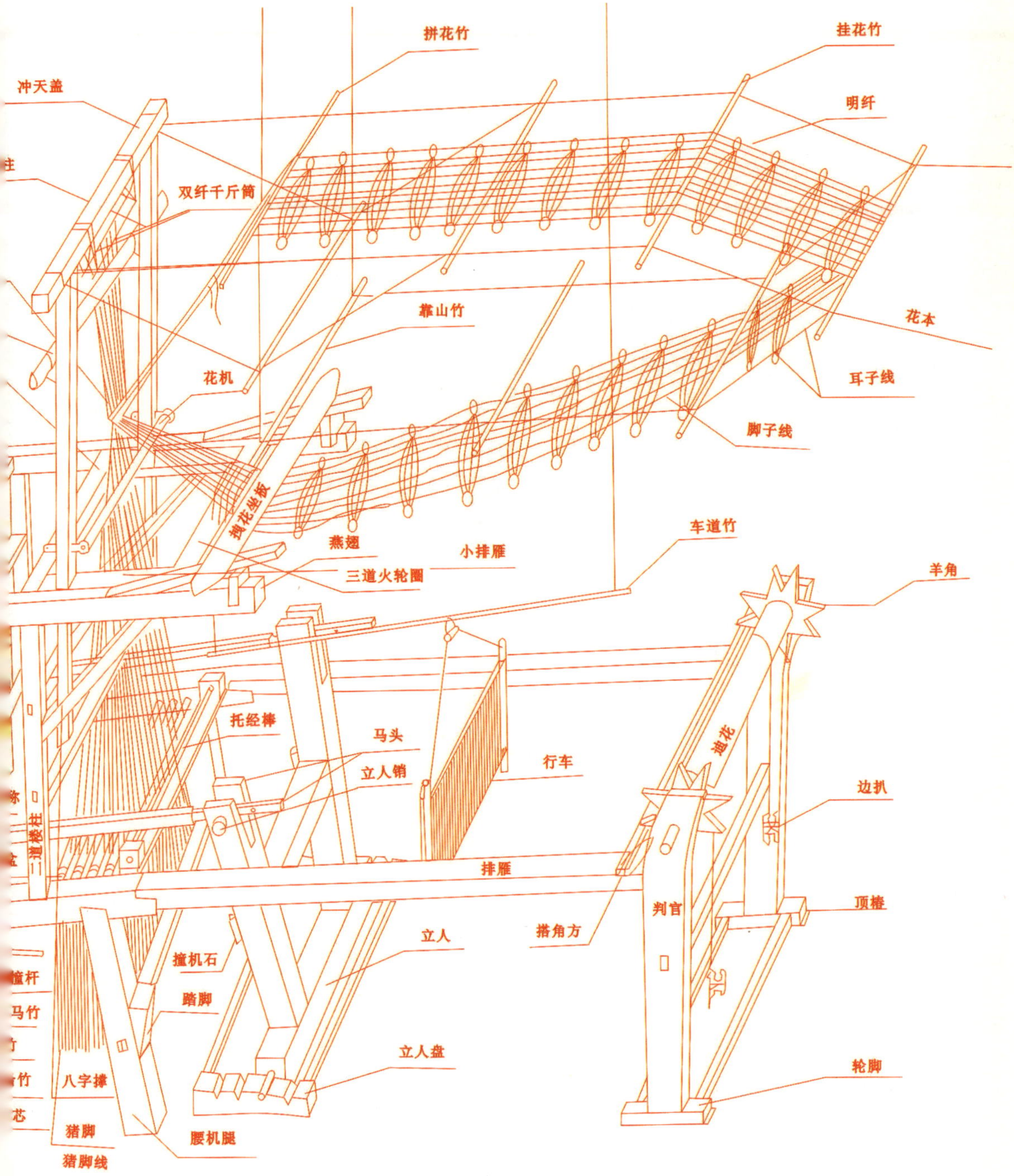
冲天盖
拼花竹
挂花竹
明纤
双纤千斤筒
靠山竹
花本
花机
耳子线
脚子线
拽花坐板
燕翅
小排雁
三道火轮圈
车道竹
羊角
托经棒
马头
立人销
行车
迪花
边扒
二道楼柱
排雁
顶椿
判官
搭角方
立人
撞机石
踏脚
立人盘
轮脚
八字撑
猪脚
腰机腿
猪脚线

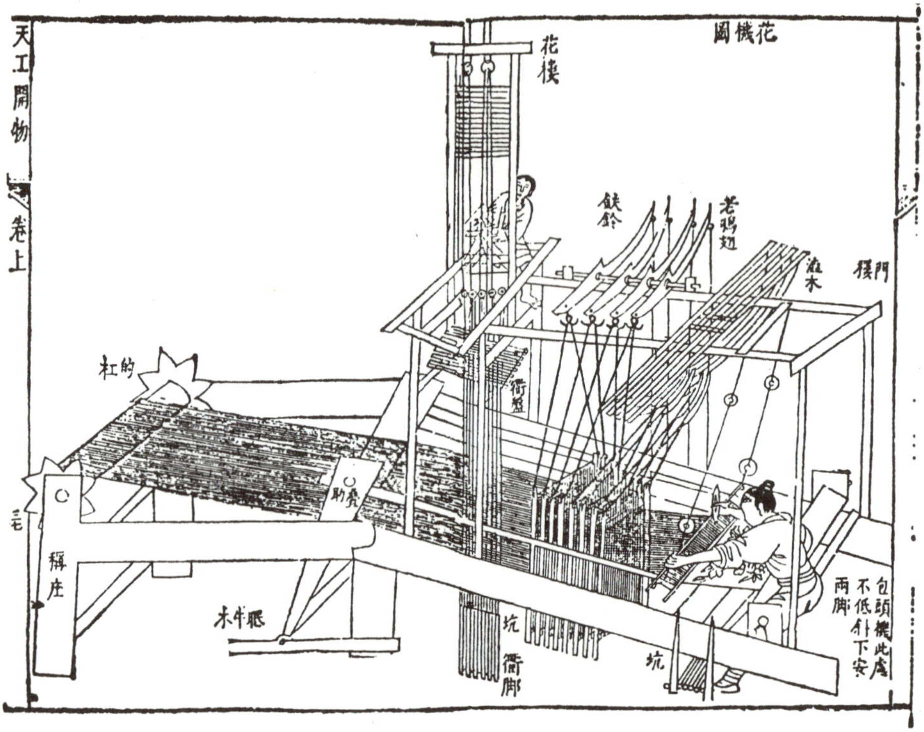

图29　小花楼织机模拟实物

花楼织机用于织制花纹循环大的提花织物，织造时需要一名织工和一名挽花工配合织作。上面的挽花工高坐在花楼上，用手提拉花束综，以使经线形成开口,下面的织工同时协同动作，配色引梭打纬。为使每次提拉后的经线都能顺利复位，在每根综线下端连上一个竹棍以增加其下垂分量，这样挽花工提经时需要很大的力气，所以坐在花楼之上的一般为男性。而坐在下面踩踏踏板、抛梭配色的为女性。

花楼织机是中国提花织造技术的重大突破，以适应大型、复杂、多彩的织物纹样的织造要求，它把提花工作从织造工作中分离出来，由一人专职操作，虽较单人操作增加一人，但织造效率和所得织物水平提高。

竹笼机

竹笼机是少数民族创造的一种提花织机，由于采用竹木结构、开口提花机形似竹编猪笼，故又称猪笼机。其广泛用于广西少数民族地区，一般用来织造壮锦等提花织物。竹笼机从前到后呈倒梯形，机架中部的杠杆用来连接蹑提拉地综，上部两根杠杆，前面悬挂编结有花本的竹笼，后面吊有重物以保持平衡，竹笼周围有竹针编排成提花用的花本圈。竹笼机的特点是少蹑控制多综，以刀杼代替梭

图30　竹笼机

子。其没有固定的卷布轴，送经和卷布均由人工完成，且织工要利用腰背力量控制经纱紧绷程度，所以织作时劳动强度大，产量低。

二 印染

印染，是对丝织品进行处理，也就是染色、印花、整理等，使得丝织品具有一定色彩、花纹、光泽度。

1.色彩

在中国的文字中，有很多表示颜色的字是源于丝绸的，它们有些最早用以表示丝绸染色，有些用以表示某一种特定颜色的丝织品。随着历史的发展，这些文字有的使用越来越广泛，逐渐演变成指代某一颜色，经历了从特指到泛指的过程，保留下来成为常用文字；而有些则随着该种丝织品的减少而很少使用，逐渐成为生僻字。经过对《说文·糸部》中这类文字的收集、整理和筛选，将与古代五色“青、赤、黄、白、黑”的部分相关文字列出。

青色系（主要是从蓝草中提取靛蓝染成）

缥：“縹，帛青色。”为浅蓝色的帛。

纶：“綸，青丝绶也。”

绀：“紺，帛深青扬赤也。”指微呈红色的深青色。

绿：“綠，帛青黄色也。”本义为绿色，即像草木之叶茂盛时的颜色。

缥：“縹，帛青白色也。”本义为青白色，即淡青色的丝织品。

缬：“緅，帛青赤色也。”指青红色的帛。

赤色系（主要用赤铁矿、朱砂、银朱、茜草、红花等染成）

绯：“緋，帛赤色也。”本义为红色丝织品，后泛指红色。

绛：“絳，大赤也。”指大红色。

缇：“緹，帛丹黄色。”本义为橘红色的丝织品。

纁：“纁，浅绛也。” 本义为浅红色。

缐：“縓，帛赤黄色。”指浅红色的丝织品。

缙：“縉，帛赤。”本义为浅红色的帛。

红：“紅，帛赤白色。”本义为赤中带白的帛，即粉红色的帛。

赤：“赤，南方色也。”（《说

文·赤部》）本义为火红色，比朱红稍浅。

绮：“绮，赤缯也。”指赤色的丝织品，亦被用来命名青赤色。

绛：“绛，纯赤也。”

绌：“绌，绛也。”

黄色系（主要用栀子、地黄、槐树花、黄檗、姜黄、柘黄等染成）

缃：“缃，帛浅黄色也。”本义为浅黄色的帛。

白色系（主要用云母粉涂染，或漂白）

缟：“缟，鲜色也。”本义为一种白色精细的丝织品。

黑色系（主要用栎实、橡实、五倍子、柿叶、冬青叶、莲子壳、鼠尾叶等染成）

缁：“缁，帛黑色也。”本义为黑色的帛。

缲：“缲，帛如绀色。”本义为微带红色的黑帛。

纔：“纔，帛雀头色。”黑里带红的颜色。

玄：“玄，幽远也。”本义为染黑。

古代将青（即蓝色）、赤、黄、白、黑称为五色，也是本色、原色。原色混合得到多次色如绿、紫、粉等色，也称间色。

2.印染原料

中国古代丝织品的着色原料基本采用天然染料，主要以矿物颜料和植物染料为主。

矿物颜料

用矿物颜料为丝织品染色也称石染，主要有：暗红色颜料赤铁矿（赭石）是历史上使用最早的红色颜料，涂染效果稳定持久，但色泽暗淡，其主要成分为三氧化二铁；红色颜料朱砂，使用广泛，其主要成分为硫化汞；绿色颜料孔雀石（石绿），有结构疏松易于研磨的特点，色泽稳定，其主要成分为碱性碳酸铜；蓝色颜料石青，色泽翠兰；黄色颜料石黄，色相丰满纯正，牢度较好。泥金泥银是用金银研成极细的粉末，加入胶调和成泥状。矿物颜料与纤维间不能产生化学反应，只是以物理方式附着在织物上，所以易于脱落，要借助黏合剂着色。

植物染料

用植物染料为丝织品染色也称为草染，主要有：染青色的蓝草；染红色的茜草；染黄色的栀子、地黄；染紫色的紫草；染绿色的艾草；染皂褐色的皂斗，等等。以植物染料染制时，其色素分子由于化学吸附作用，能与织物纤维亲和，因而改变纤维颜色，经日晒水洗也很少脱色，所以称之植物“染料”，而非“颜料”。

虽然矿物颜料做施色剂远远早于植物染料，但是由于植物染料丰富，色泽繁多，牢固度好，所以矿物颜料逐渐只被用作局部着色，而植物染料则渐渐成为染色的主要原料。

3.染色

古时称先织后染为织纹，先染后织为织锦。先染是染丝用做织锦和刺绣的原料，后染是织成绸再染色。无论是先染还是后染，选用颜料与染色原理基本相似，只是在操作要求和所用器具上略有不同。染色技术主要分为涂染和浸染。

涂染

涂染所用颜料不能溶于水，多以矿物质为主。矿物颜料要借助某些介质，如淀粉糊、胶等黏合剂使色彩附着于纤维上。把矿物颜料研磨成细粉末，调制成浆液，以刮涂或者浸泡的方式涂覆在丝线或织物上，晾干即可。

浸染

浸染是把丝和丝织物放入染液中浸渍，按照颜色深浅要求，可作多次浸染，一般植物染料使用这种方法。浸染又可分为套染、媒染等。

套染是将织物多次浸入两种以上不同的染液中，以此获得各种色彩的中间色，如染红后再浸入蓝色染液以取得紫色。

媒染是用在染料中加入媒染剂染色，借助这种媒介物质使染料中的色素附着在织物上，此法染制的织品色彩多样，牢固度强。植物染料中，除红花、栀子等可直接染色的染料外，大多数植物染料需要借助染媒使颜料固着于纤维上，以形成颜色。古代采用的染媒主要有明矾、铁浆、草木灰等。

4.印花

印花指将色浆或染料直接施于织物上，按工艺来分，主要有直接印花和防染印花。

直接印花

直接印花包括画绘、凸版印花、印金。画绘是将颜料或染料画在织物上，殷周时普遍使用。画绘费工费时、色牢度差，很快被其他方法代替。凸版印花是指事先将所需印制的图案雕刻在印板上，在印板上刷上染料，再将涂有染料的印板盖在织物上，印出图案。这种印花方法可以反复进行，在同一织物上印制出重复图案或相同图案的多件产品。印金印花的方法是用型版蘸上浆在织物上印出图案，然后取碎金箔覆盖，再盖以薄纸，在纸上用毛笔轻刷，浆料干燥后将印金织物背面朝上轻拍，多余金箔抖落。

防染印花

在丝织品上运用防染印花工艺称为缬。染缬分为夹缬、绞缬、蜡缬、灰缬四类。

夹缬工艺是在两块木板上根据所需图案雕刻成镂空型版，图案分为阴阳纹，阴纹染色，阳纹防染。染色时将织物折叠，紧紧加在镂空版中，浸到染液中，织物加紧部分因无法渗入染液而不能受染，而镂空处上色。晾干后，去掉夹板，即可得到印有图案的织物。隋炀帝曾经制作五色夹缬花罗裙，以赐宫人及百僚母妻。德宗贞元三年（787），大唐为了与党项互市，以缯交换牛，就大量以彩缬法染制了18万匹缯。明代的织锦与刺绣兴起以后，夹缬逐渐衰落，并被碱印、拓印、刮浆防染法取代。

绞缬工艺兴盛于唐代，又称扎染，这种工艺依照图案设计要求用缝、捆、打结等防染手段，阻止织物局部上色，而被染部分呈现图案。具体方法为：用线沿图案边缘将织物钉缝抽紧即缝扎法，或将织物按要求折叠以线绳捆绑即捆绑法，或以织物自

图31　木夹版及其夹缬图

图32　唐，朵花团窠对鹿纹夹缬绢

图33　唐，朵花绞缬罗

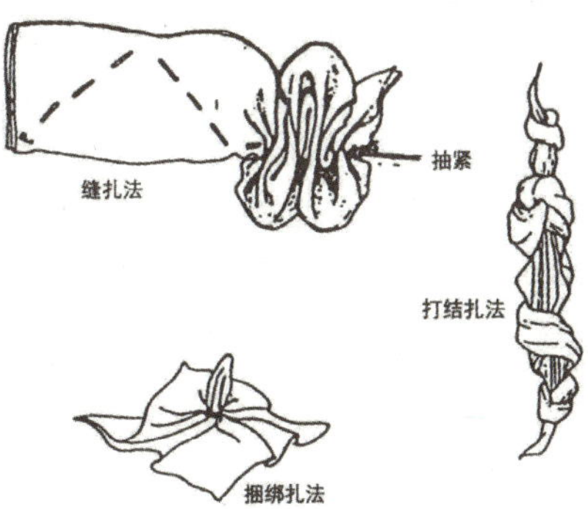

图34　绞缬防染方法

身打结抽紧即打结法等方法处理织物的欲上色印花部分，然后浸染于染液中。完成后，取出晾干，扎结部位因未接触染液而呈现着色不充分的图案。此方法得到的织物图案边缘由于少量渗入染液而自然形成色晕效果，使图案更为自然更富变幻。

蜡缬工艺又称蜡染，操作时，蘸熔化的蜜蜡绘图案于织物上，蜂蜡冷却凝固后，将织物浸入染缸。由于蜂蜡的阻隔，织物表面被蜡覆盖的区域接触不到染料，因而保持原色。从染液中取出织物后，加热去除蜂蜡，便呈现出所需图案。由于蜂蜡在冷却凝固过程中容易开裂，蜂蜡表面会形成细小裂纹。印染时，染料会沿隙渗入，在成品中便会呈现细丝状的不规则条纹，俗称“冰纹”。虽为工艺缺陷却也因此产生一种自然朴素的美，由于蜂蜡裂纹没有规则，所以也不会形成两条相同的冰纹，我们可以此辨别蜡染产品是否为手工生产。蜡染制品在中国西南如苗族、瑶族、布依族等少数民族地区流行广泛。

蜡缬工艺中所用的防染剂蜂蜡成本较高，因此被更为廉价的碱性防染剂代替。古代碱性物质主要来自石灰、草木灰等，所以运用这种碱性物质做防染剂的方法称为灰缬。灰缬印染原理是利用碱性物质对某些染料的

图35　唐，蓝底蜡缬绮

阻染作用，先将含碱浆料施于织物上，施浆处丝胶脱落，投入染液后由于生丝、熟丝上色程度不同而呈现深浅层次不同的花纹效果。

三 刺绣

刺绣是中国一种古老的手工装饰方法，它是指在已经加工好的织物上，以针引线，按设计要求进行穿刺，通过运针使绣迹形成图案的技艺，它是丝织品上重要的装饰工艺，也是中国“女红”的重要内容。有关绣的文字记载最早见于《尚书》：“日、月、星辰、山、龙、华虫作会，宗彝、藻、火、粉米、黼、黻絺绣，以五采彰施于五色作服。”这说明最早刺绣是为服装做装饰的，后来逐步扩大应用范围，以针代笔绣画，此外还作靠垫等生活用品及屏风、壁挂等艺术品。

1.刺绣种类

中国古代刺绣种类极其丰富，技法变化极多，所以技法名称很难统一，并且至今也并无严格的分类。19世纪中叶，把苏绣、粤绣、蜀绣、湘绣称为“四大名绣”。除四大名绣外，按照地域可分为京绣、杭绣、鲁绣、汴绣、汉绣、瓯绣、闽绣等地方绣种，维吾尔、彝、傣、布依、哈萨克、瑶、苗、土家、景颇、侗、白、壮、蒙古、藏等少数民族绣种。刺绣是装饰丝织品的重要手段，但并不拘泥于丝织品和丝线，若按特点和材料还可以分为锁绣、平绣、钉线绣、打籽绣、编绣、发绣、十字绣、戳纱绣、剪贴绣、串珠绣以及出现较晚的乱针绣、仿真绣等等。

2.刺绣技艺

在中国传统文化中，女子自幼随母学习缝纫刺绣，所以刺绣技能也是女性要掌握的重要技能，并以技艺出众为自豪，也可以说绣品是她们表达生活、传达爱意，甚至社会交往的媒介。

图36　苏绣作品

图37　粤绣作品

图38　蜀绣作品

刺绣工具

刺绣工具主要包括绣底（即刺绣所用布料，如绸、缎、绢、布等）、绣线（如丝线、金银线等）、绣针、绷架和绷凳等。

工艺流程

上绷，这是刺绣的首道工序，即在绷架上将刺绣底料固定绷紧。

勾稿，是将图案描绘在绣底上，实用品一般先勾稿后上绷，而欣赏品由于对工艺精准度要求较高，一般先上绷后勾稿。

配线，据画稿色彩选配各色绣线，再根据需要进行劈线。劈线就是将一根捻紧的绣线退松后分成若干

图39　湘绣作品

图40　绷架和绷凳

份，一分二，二分四，最多劈为48根细线。实用绣品在绣制时一般不用劈线，但是对欣赏品来说劈线是必不可少的，劈线程度也依绣品的光洁要求而定。

刺绣，刺绣过程中，一手在绷上称“上手”，一手在绷下称“下手”，下手把针自下而上刺出绣面，上手将针自上而下刺下去，依针法不同，绣迹循环往复的方法不同。

落绷，绣品完成后，放松绷线，拆掉绷边竹，取下绷钉等。欣赏品要先装裱后落绷。

成合，即落绷后缝纫、加工成实用品或装裱成欣赏品。

针法

刺绣技艺分为针法和绣法两个层次，针法是运针的基本方法，也是线条组织的形式。赵丰先生在《丝绸通史》中将针法分为三个层次：

第一个层次为基本针法，是指一针的运行轨迹和形成的结构，如直针、曲针等。

第二个层次为衍生针法，这是针法中最主要的内容，它揭示了连续的基本针法之间的关系，用于描绘物体的线条或简单的面。以齐针为例，齐针是衍生针法中的基础，其线条排列匀整，起针、落针都要在纹样外边缘，线条排列整齐，不可重叠，不可露底。还有抢针、参针、套针等。

第三个层次为衍生针法组合，用于描绘一个较为立体的形，如刻鳞针等。

另外，对于以丝织品为地的刺绣针法来说，还存在针向的概念。针向可分为三类：第一类是散向针，针向可向任意方向，从而形成普通绣品；第二类是经纬针，针向严格按照织物孔眼行走，与经纬线或平行或垂直或成一定角度，从而形成纳纱类绣品；第三类是上下针，如钉针只是在织物上上下下穿绕，以将其他装饰品钉在织物上为目的，从而形成钉物类绣品。

绣法

绣法是有选择地组合运用各种针法形成的刺绣方法，还包括选择相应的轮廓、丝理、配色以及线条的粗细、虚实等等，这些因素的不同搭配和组合形成了不同的绣品。由于刺绣针法和绣法种类庞杂，专业性强，各种针法绣法在不同绣种的命名、定义和分类存在差异，故此仅对部分典型绣法进行简要介绍。

锁绣又称辫子绣，最早出现于商代，是中国最古老的绣法，它是指以圈针的方式使绣线形成一串串圆圈，盘在织物表面形成色区。唐中期时使用广泛，并一直沿用至今。

钉线绣出现于唐代晚期，是指将丝线按设计图案钉绣在织物上，可分为针迹暴露和隐藏于线梗中，即明钉和暗钉两种，此外还有钉彩绣、钉金绣。

平绣出现于汉代，兴盛于唐，是指以平针为基础针法的绣法，其特点为绣面平整、线迹细腻、色彩艳丽。自古至今，平绣的使用范围相当广泛，四大名绣基本都使用该种绣法。平绣中的针法主要有齐针、抢针、套针、参针等。

纳绣又称纳纱绣，在苏绣中称其为戳纱或穿纱，它以方格纱为底料，严格按照格数刺绣，花纹间空眼对齐。戳纱绣一般运用平针，线迹较短。

打籽绣是指将丝线打籽后绣在织物上，以点形成色区后形成图案。该绣法多用于花卉、果实等作品，效果逼真。

编绣是指将丝线按直线、斜线、平行线相互交叉“编织”出网格图形的绣法，该绣法大多用于绣品的局部装饰。可绣出鱼鳞状的刻鳞针针法多用于此绣法。

发绣是指以发代线，使用缠针、滚针和网绣等少数针法。该绣法适用于白描（即勾勒线条不上色彩），以滚针绣轮廓，以网绣绣衣裙，效果独特。

桑蚕丝的横截面呈三角形，能够以不同的角度折射光线而形成幻彩光，丝绸美妙的光泽与质感就来自这三棱镜般的纤维结构。这种流光溢彩的美好质感，就成为中国丝绸生产无穷无尽的创造力和技术创新的基本动力。由此在蚕丝织绣几千年的历史中，不断出现新的织物、新的颜色、新的刺绣技艺，汇成中国丝绸独步世界的瑰丽容颜。

第四章
传说与崇拜

在远古时期，由于先民对蚕吐丝这一现象不甚了解，在“万物有灵”观念的影响和支配下，把蚕加以神化，于是出现了蚕神崇拜。

一 蚕神信仰

早在殷商时代的甲骨文卜辞中，就有了关于蚕神崇拜的记载：“蚕示三牢。”“示”代表的是祭祀，“三牢”指的是牛、猪、羊。这句话表明当时人们用这三牲来祭祀蚕神。另外还有“贞元示五牛，蚕示三牛，十三月”、“蚕示三羊，殷八月”的记载，都是说用三牛或者三羊来祭蚕神。

在古人看来，蚕神即是养蚕的首创者，因此蚕神也被称为“先蚕”。我们的先人所崇拜的蚕神，这个角色究竟由谁担任呢？起初蚕神信仰并没有明确的对象，直到汉代时，蚕神才有了明确的称谓。北齐时，人们认为

贞元示五牛，蚕示三牛，十三月　　蚕示三羊，殷八月

图1　甲骨卜辞

最早养蚕的人是黄帝，但是养蚕历来是由妇女负责的，因此蚕神也应当是女性，于是在北周时，养蚕的发明者又转为黄帝的正妻嫘祖。

关于嫘祖的身份问题，历代的文献记载颇有争议，一说嫘祖即“西陵氏”，另一说嫘祖是“西陵氏之女”，现在没有定论。但是嫘祖是黄帝元妃，这一点历代均无争议。

嫘祖是怎样被人们尊为蚕神的？司马迁《史记·五帝本纪》记载：“黄帝居轩辕之丘，而娶于西陵之女，是为嫘祖。”此时嫘祖还没有与先蚕联系起来，只是说明了嫘祖的身份。而在《隋书·礼仪志》中记载了后周礼典的内容：“后周制，皇后乘翠辂……以一太牢亲祭，进奠先蚕西陵氏神。”此时嫘祖已经被人们奉为先蚕祭祀。宋刘恕的《通鉴外纪》有了更为详细的记载“西陵氏之女嫘祖为帝元妃，始教民育蚕，治丝茧以供衣服，而天下无皴瘃之患，后世祀为先蚕”，说的就是嫘祖教育百姓养蚕缫丝、制作衣服，后世的人们就尊为先蚕加以祭祀。南宋罗泌的《路史·后纪五》继承了这一观点，“黄帝元妃西陵氏曰傫（通‘嫘’）祖，以其始蚕，故又祀先蚕”。元代王祯的《农书》最后归结：“元妃西陵氏始蚕，实为要典。”

其实，官方对于蚕神的见解略有不同，把嫘祖尊为蚕神也经历了一个历史阶段。汉代称蚕神为“菀窳妇人，寓氏公主”，《后汉书·礼仪志》引《汉旧仪》记载“今祭蚕神曰菀窳妇人，寓氏公主，凡二神”。北齐时官方祭祀的蚕神有所不同，改祀黄帝，《隋书·礼仪志》记载“后齐……以一太牢祀先蚕黄帝轩辕氏于坛上”。紧接着，这本书记载了在北周时，祭祀的蚕神改为黄帝元妃西陵氏，“进奠先蚕西陵氏神”。此后，官方都以隆重的礼仪对先蚕嫘祖加以祭祀。

民间祭祀的蚕神，主要是由蚕马神话演变而来的马头娘。马头娘，民间也称之为马鸣王菩萨、蚕花娘娘等。养蚕取丝的秘密在远古时代是怎样被人们发现的，这一直是一个谜，基于此古人流传下来很多浪漫的神话传说，马头娘神话正是对于这一现象的解释。

马头娘神话的原型是《山海经·海外北经》中的“欧丝”女子，“欧丝之野在大踵东，一女子跪据树欧丝”。此时的蚕只是被赋予女子的形象，尚未与马联系起来。最早把蚕与女身马首联系在一起的记载见于《荀子·蚕赋》：“有物于此……弃其耆老，收其后世。人属所利，飞鸟所害。臣愚而不识，请占之五泰。五泰占之曰：此夫身女好而头马首者与。”即是说从外形上看，蚕的身体柔软好似女子，而其头部与马首类似，这是马头娘神话的进一步发展。

关于马头娘的来历，有一种说

法是儒家的“蚕马同气”，《周礼注疏·夏官·马质》中记载：“禁原蚕者。”郑玄引《蚕书》解释：“蚕为龙精，月直大火，则浴其种，是蚕与马同气也。物莫能两大，禁再蚕者，为伤马与。”贾公彦疏：“蚕与马同气者，以其俱取大火，是同气也。”宋代诗人李复据此专门写了一首《原蚕》：“蚕马巨细殊，异物同精气。物生不两大，此衰彼所致。周人礼有禁，蚕为马之祟。织女天上明，多蚕今为利。”蚕马同气的原因，是因为蚕与马属于同一星宿，所以它们之间会损害彼此的繁殖和发育，当然这只是抽象的礼仪原则，在实际生产上的指导功用则是“禁原蚕”，即“禁止一年之内生产两季蚕茧”。这其实是一种“天人感应”的思维，不过这一观点把蚕与马首糅合在一起，对于民间的马头娘信仰也有一定的影响。

而关于马头娘神话完整的记录最早见于晋干宝《搜神记》卷十四：“旧说：太古之时，有大人远征，家无余人，唯有一女。牡马一匹，女亲养之。穷居幽处，思念其父，乃戏马曰：‘尔能为我迎得父还，吾将嫁汝。’马既承此言，乃绝缰而去，径至父所。父见马惊喜，因取而乘之。马望所自来，悲叫不已。父曰：‘此马无事如此，我家得无有故乎？’亟乘以回。为牲畜有非常之情，故厚加刍养。马不肯食。每见女出入，辄喜怒奋击。如斯非一。父怪之，密以问女。女具以告父，必为是故。父曰：‘勿言，恐辱家门。且莫出入。’于是伏弩射杀之。暴皮于庭。父行，女与邻女于皮所戏，以足蹙之曰：‘汝是畜生，而欲取人为妇耶？招此屠剥，如何自苦？’言未及竟，马皮蹶然而起，卷女以行。邻女忙怕，不敢救之。走告其父。父还，求索，已出失之。后经数日，得于大树枝间，女及马皮，尽化为蚕，而绩于树上。其茧纶理厚大，异于常蚕。邻妇取而养之。其收数倍。因名其树曰‘桑’。桑者，丧也。由斯庶民竞种之，今世所养是也。”后来，马头娘的神话不断丰富和发展，民间也衍生出蚕女、

图2　蚕女

蚕花娘娘等多种传说。马头娘成为民众普遍祭拜的蚕神。

在其他一些地区，也有不少关于蚕神的传说。比如在四川地区蚕丛氏被人们尊为蚕神。蚕丛氏是蜀国首位称王的人，他最早开始教民桑蚕，在当地流传着不少有关这位领袖的神话传说。

《华阳国志·蜀志》记载：“周失纲纪，蜀先称王。有蜀侯蚕丛，其目纵，始称王，死，作石棺、石椁，国人从之，故俗以石棺椁为纵目人冢也。”蜀地的先王为蚕丛，他最为显著的功绩在于教授百姓种桑养蚕，《蜀王本纪》中记载道：“蜀王之先名蚕丛，教民桑蚕。”因为蚕丛王爱穿青衣，所以又被蜀地的民众称为青衣神。后来在成都西南建立蚕丛祠、青衣庙，就是为了纪念这位养蚕创始人，据《四川通志》记载：“蚕丛祠在成都府西。蚕丛氏教民桑蚕，因祠祀之，俗呼青衣神。”此书又有关于青衣庙的记载：“青衣庙在青神青治北，祀蚕丛氏，衣青衣，教民蚕事，敕封立祠。”

图3　青衣神

其实，在中国不同的区域，民众的蚕神信仰不尽相同，这也充分说明了蚕神崇拜的多元化。在中原地区及黄河流域，自明末清初以来，“嫘祖祠”、“先蚕祠”等随处可见；在长江流域尤其是浙江杭嘉湖地区，明、清以来多祭祀“马头娘娘”、“马鸣王菩萨”等；在四川地区，自明、清以来，“蚕丛祠”、“青衣庙”的建立十分兴盛。

二　蚕神祭祀

官方和民间对于蚕神的祭祀具有一定的差异性。官方的蚕神祭祀礼仪主要是祠先蚕嫘祖。由于养蚕缫丝这些劳动常常由妇女负责，所以历代祭祀先蚕的职责也一般由皇（王）后承担。《周礼·天官》曰：“中春，诏后帅外内命妇始蚕于北郊，以为祭服。岁终，则会内人之稍食，稽其功事，佐后而受献功者，比其小大与其粗粮而赏罚之。”

到汉代皇宫又设立专门的蚕室，

《后汉书·礼仪志上》载："是月，皇后帅公卿诸侯夫人蚕。祠先蚕，礼以少牢。《汉旧仪》曰：'春桑生而皇后视亲桑于菀中，蚕室养蚕千薄以上，祠以中牢羊豕，今祭蚕神曰菀窳妇人，寓氏公主，凡二神。"汉代祭祀蚕神的规格是中牢，即用羊豕来祭祀。

晋代时，特意设立先蚕坛用来祭祀蚕神。《晋书·礼志上》记载："及武帝太康六年……蚕于西郊……先蚕坛高一丈，方二丈，为四出陛，陛广五尺。"在先蚕礼之前，先选定吉日，"皇后著十二笄步摇，依汉魏故事，衣青衣，乘油画云母安车，驾六騩马"，整个祭祀场面声势浩大。在这个过程中，每个陪祀的人员都有固定的位置，自公主以下的人员在先蚕坛的东面陪祀。之后，皇后在东面采桑叶三条，妃嫔公主等各采五条，县乡以下的人员各采九条，把这些桑叶都交给蚕母，送到蚕室喂养桑蚕，祭祀礼仪结束之后，设宴犒赏各个陪祀人员。

当时皇后祭蚕神为什么要穿着青衣呢？实际上这与古代神话中的"青蚕"有关。《太平御览·资产部五》"蚕"引郭子横《洞冥记》记载："寒青之国……有蚕，色青，长一丈，亦曰青蚕。绩其丝，大如指绿，一丝可羁绊牛马。"既然青蚕如此神奇，那祭祀蚕神时应当穿着青衣以表庄严和隆重。

此后，历代祭祀先蚕的礼仪均大

图4　四川盐亭嫘祖陵

图5　四川盐亭纪念嫘祖碑

图6　四川盐亭嫘祖碑

同小异，《隋书·礼仪志二》记载了北齐的先蚕礼：“后齐为蚕坊于京城北之西……每岁季春，谷雨后吉日，使公卿以一太牢祀先蚕黄帝轩辕氏于坛上，无配，如祀先农。”之后，皇后在桑坛亲自采桑三条，然后众妃嫔按次序采桑，交给蚕母后送到蚕室喂蚕。

而后周时先蚕礼略有差异，“皇后乘翠辂……至蚕所，以一太牢亲祭，进奠先蚕西陵氏神”。在皇后祭祀之后，化嫔第二次献祭，淑嫔最后献祭。隋朝时祭先蚕礼大致如此，“祭先蚕于坛上，用一献礼……命妇各依班采，五条九条而止。”实际上可以说自后齐、后周一直到隋朝，先蚕礼基本上都是依据晋代的礼典。唐、宋、明、清各个时期，祀先蚕的仪式也大多沿袭前代，但是较之前朝更加宏大和繁复。

民间也会举行祭祀嫘祖的仪式和活动，在四川盐亭县还存有嫘祖陵，至今一直香火旺盛，可见人们敬祀嫘祖的虔诚之心。嫘祖陵周围还竖立着许多今人纪念嫘祖的石碑，以此记述和歌颂嫘祖教民养蚕的功绩。此外，盐亭四面山还矗立着嫘祖宫，里面除供奉神婆（即嫘祖）的雕塑外，还有大量的出土文物，如古桑化石、石蚕和金蚕等。

盐亭的乡民们会在二月初十嫘祖生日这一天举行转山提灯会，民众

图7　四川盐亭嫘祖宫嫘祖像

图8　四川盐亭嫘祖宫石蚕

图9　四川盐亭嫘祖宫金蚕

白天一般都会进香朝拜嫘祖，晚上会提着灯笼在山道上行走，人们希望用这种方式为嫘祖在夜晚养蚕照明。另外，人们还会举行“火把朝山会”等类似的敬神活动，蚕民们首先剥些柏树皮扎成十几个火把，另外用麦草、稻草以及秸秆等扎成数百个火把，然后在夜里由数百个青年手持火把，组成一支火把队伍登山朝圣，这一活动的目的在于为嫘祖走夜路照明，实际上也是民间敬奉嫘祖的祭祀活动。

民众对于马头娘的祭祀也十分普遍，尤其在养蚕区，特别是浙江的杭嘉湖地区，祭祀活动更是常见。据《浙江风俗志》记载：“蚕神民间称‘蚕花娘娘’，又称‘马鸣王菩萨’、‘马头娘’、‘马头神’。传说这个神是一个女子身上包裹着一张马皮变化而成。新中国成立前，各地都有小庙会祀奉马头娘……十二月十二日是蚕花娘娘生日。蚕民们要在这天祭祀，祈求赐个蚕花丰收年。”

蚕农们在每年的清明节定期举办大型的蚕花庙会，举行各种祭祀蚕神马头娘的活动。蚕事开始后，在整个养蚕过程中，孵蚕蚁、蚕眼、蚕熟上蔟、缫丝等，几乎每一个生产环节蚕民们都要进行祭祀。这种祭祀每年进行两次，一次是在清明前后，一般是在家中设立马头娘的神位，以三牲进行祭祀；另一次是在十二月十二日，蚕花娘娘生日当天进行祭祀。

在蚕神祭祀仪式上，有些地区还会唱蚕歌，各地的唱法不一。以浙江嘉兴为例：桐乡的蚕歌唱词为：“东君致意待神天，祈求马鸣王菩萨有灵验。保东君，每年间，看养好花蚕。”海盐的蚕歌唱词云：“马鸣王菩萨真正强，弯里弯曲到廊搭（方言，即这里）。”海宁的蚕歌唱词：“马鸣王菩萨到府来，保佑你家年年看好蚕……旧年采了千斤茧，今年采到万斤蚕。”蚕农们吟唱这些蚕歌，目的在于通过祭祀蚕神，祈求马鸣王菩萨护佑好蚕。为此，民众十分看重蚕歌的传承。在嘉兴桐乡的蚕民手中，还保存有清光绪年间的蚕歌文本《马鸣王蚕花》，他们自觉承担起传唱蚕歌的责任，不仅因为唱蚕歌是桑蚕生产过程中的必要步骤，还因为这是蚕农生活中沿袭相传的习俗。在婚礼等一些重要的人生礼仪场合上，也需要演唱蚕歌（图12），寓意婚后夫妻的生活美满幸福。

另外，随着这些祭蚕神仪式的演变，伴生出很多与祠蚕相关的民俗活动。其中“蚕花”习俗就是明显的例子。以具体事项来说，蚕花是一种用绸绢或者彩纸扎成的花朵，其中寄托了蚕农们的美好心愿，目的是祈求蚕花娘娘保佑蚕茧。其实，蚕花是一系列的仪式和活动，包含多项内容，其一是在桑蚕生产过程中的蚕花，比如祭蚕花、请蚕花、谢蚕花等；其二是在节庆活动中的蚕花，比如蚕生日、做蚕戏、做茧圆等；其三是在婚丧嫁娶等人生礼仪活动中的蚕花，比如接蚕花、撒蚕花、扫蚕花等。在这里，

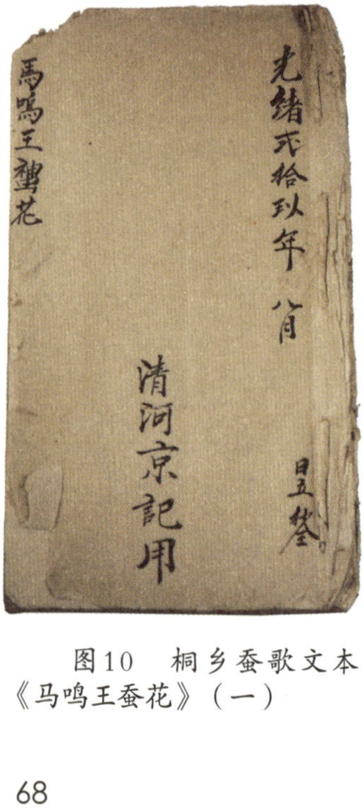

图10　桐乡蚕歌文本《马鸣王蚕花》（一）

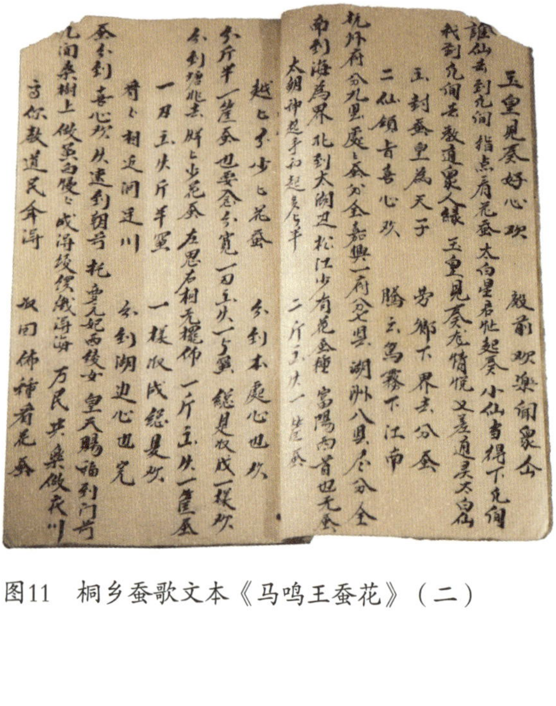

图11　桐乡蚕歌文本《马鸣王蚕花》（二）

图12　桐乡婚礼仪式上的蚕歌演唱

我们主要对祭蚕花进行一些解释。在旧时为了祭祀的方便，一些地方会建很多小庙，专供蚕神的塑像。蚕农们习惯在春节时买一张蚕花菩萨，等到清明时挂起来祭祀蚕花，祈求在新的一年里蚕茧丰收。

还有其他相关的拜蚕仪式。唐代诗人王建的《蔟蚕辞》中“新妇拜蔟愿茧稠，女洒桃浆男打鼓”，反映的就是蚕熟上蔟时，男男女女各自以不同的形式祭祀蚕神。在江浙一带还有“照田蚕”的习俗，南宋范成大的《照田蚕行》云：“乡村腊月二十五，长竿然炬照南亩。近似云开森列星，远如风起飘流萤。今春雨雹茧丝少，秋日雷鸣稻堆小。侬家今夜火最明，的知新岁田蚕好。夜阑风焰西复东，此占最吉余难同。不惟桑贱谷芃芃，仍更麻无节菜无虫。”反映了蚕农们在腊月二十五“照田蚕”的情景，用扫帚、麻秸或者竹枝绑缚在长竿上，竖在田边点燃，以此抑制虫害，占卜吉凶，祈求来年稻谷和茧丝丰收。

当然，还有一些养蚕禁忌，范成大的《晚春田园杂兴》中“三旬蚕忌闭门中，邻曲都无步往踪”，说明当时在育蚕期，邻居之间不能交往，以免冲撞了蚕宝。在近代，旧时产妇坐月子期间不能进入蚕房；其他人忌在蚕房时说出“瘟”、“黄”、“亮”等；以免蚕得“瘟病”、“黄肿病”、“亮脑壳病”等；忌在蚕房把老鼠叫“耗子”，为的是怕“耗子”

消耗蚕茧。除此之外，蚕农们还会在蚕房里放蚕猫泥塑、贴蚕猫年画，这样不仅能够驱鼠，而且能辟除邪气。

三 传说故事

1.嫘祖始蚕

关于嫘祖始蚕的传说，有三个版本。

有一则传说是这样的：黄帝战胜蚩尤后，成为部落联盟的首领，他带领大家种五谷、驯养牲畜。而她的正妃嫘祖则专门负责制作衣服，她常常带领其他妇女们织麻结网，还把各种野兽的皮毛进行加工。有一天嫘祖因为劳累过度而病倒了，什么东西都不想吃。守护在嫘祖身边的几个女子，十分焦虑，到处搜集食物。这一天，她们在一片桑树林里，发现满树都结着白色的小果，以为是一些鲜果，就把它们摘了带回来。这些女子想尝一尝这些白色小果，却怎么也咬不烂。正在这时，嫘祖提议说："现在咱们有火，咬不烂就用水煮一煮，看看能不能煮熟。"其他人纷纷应和。她们把摘回来的白色小果都倒进锅里，加上水用火煮起来。煮了好长时间，可是仍然没有煮熟。这时有一个女子拿起一根木棍，插进锅里搅拌，希望能够尽快把果子煮熟。等到她把木棒往回拉的时候，木棒上缠着很多细细的白线，她们感到很奇怪，便继续搅缠。不一会儿煮在锅里的白色小果全部变成了雪白色的细丝线。这些丝线晶莹剔透，十分柔软。嫘祖详细观察了缠在木棒上的细丝线，高兴地对周围的女子说："这些果子不能吃，但能成为我们制作衣服的原料。"她的病也霍然而愈。此后她亲自带领妇女们在桑树林里观察，弄清这些白色小果是怎么出现的。终于她们发现，原来是一种虫子口吐细丝把自己缠绕而成。从此，在嫘祖的倡导下，人们开始了种桑养蚕。后人为了纪念嫘祖的这一功绩，就把她尊称为"先蚕"。

第二个传说是这样的：有一天，黄帝和嫘祖正在饮汤，这时一阵风吹来，一个雪白的小东西正好落在嫘祖的汤里，嫘祖仔细端详了一下，也不知这是什么，以为是个鲜果就随手撮了起来，指甲不经意间勾出来一根白色的细丝，嫘祖把丝一抽，没想到越抽越长，到最后发现里面是一个蚕蛹。嫘祖心想这些细丝可以用来做衣料，后来她又发现在桑树上还有不少这样的虫子，于是就开始种桑养蚕，制作衣物。

还有一则传说是这样：黄帝打败了蚩尤，蚕神下凡庆贺，敬献蚕丝。这些蚕丝颜色鲜亮而且非常柔软，黄帝大加赞赏，于是交给嫘祖保管。嫘祖想办法织成了绢绸，用来制作衣服。可是蚕丝有限，很快就用完了。嫘祖是一个有心人，她发现了蚕结茧吐丝，于是自己开始亲自养蚕缫丝。在嫘祖的带动下，种桑养蚕逐步在民间推广开来。

2.中国少数民族的蚕丝传说

畲族有一个传说，可以看做马头娘传说的变异。据说畲族的祖先是一条龙犬，名叫盘瓠。在上古时代，高辛皇后耳痛了三年，后来从耳朵里取出一条虫子，外形似蚕，于是就把它放在盘中养育，竟然变成了一条龙犬，遍体缎锦。高辛皇见了十分高兴，于是将这只龙犬赐名盘瓠。这时犬戎入侵，高辛皇下诏书说有谁能把番王的首级斩下来，就把自己的三公主嫁给他。龙犬听闻后，立即前往敌营，趁番王喝醉之际，咬断他的头颅，衔回来献给了高辛皇。高辛皇大喜过望，但回想自己的诏令左右为难，龙犬不是人类，怎么能把公主嫁给他？这时盘瓠突然开口说话："你把我放入金钟内，七天七夜，我就可以变为人形。"到了第六天，公主忍不住了，怕把龙犬闷死，于是打开金钟想一看究竟，这时盘瓠的身子已变成人形，但犬头还没有变，但是盘瓠已经不能再变化了。于是盘瓠和公主结婚后，就入山居住，并开荒种地。

在荆楚的苗族地区，流传着这样一个传说：几千年前有人在深山狩猎，发现在林子里有一个蚕茧，颜色鲜艳十分好看，于是他就爬到树上去把蚕茧摘下来，带回家里拿给小孩玩耍，家里小孩拿起蚕茧，不慎落到沸水锅里，由于不便用手去取，于是人们就用竹竿去挑。这时人们发现茧怎么也提不上来，但是恰巧把一股股的线牵引出来，从此，苗家人才知道养蚕用水煮而取丝。

3.与蚕丝相关的故事

《左传》中有一则关于桑林密谋的故事：在春秋时期，晋国的晋献公宠爱骊姬，骊姬想要自己的儿子奚齐继位，于是陷害献公的长子申生，而重耳也被逼逃出晋国开始流亡，但是他身边聚集了一大批有识之士，狐偃、赵衰、魏犨等都对重耳忠心耿耿。重耳流亡到齐国，齐孝公把自己的宗女姜氏嫁给他。于是重耳只想长期待在齐国，不思复国之计。跟随重耳的谋臣们认为这不是长久之计，于是就在一片浓密的桑林里，秘密策划如何使公子重耳离开齐国，进行复国活动。谁知当时有一个姜氏的奴婢正在树上采桑，听到了这件事，回来就告诉了姜氏。实际上姜氏也不赞成自己的丈夫无所事事，为了防止泄密，就把这个奴婢杀了。后来姜氏和狐偃等合谋，把重耳灌醉，趁夜离开了齐国。后来重耳回国做了晋君，成为晋文公。

在春秋时期，吴楚之间关于桑蚕还发生过一次大战，这则故事见于《史记·伍子胥列传》。伍子胥原是楚国人，名叫伍员。伍员的父亲伍奢是楚国的忠臣，因为楚国佞臣的谗言，与长子伍尚一起被楚王杀害。伍子胥只身逃出楚国，流亡到吴国。当时，楚国的边境钟离和吴国的边境卑梁相邻，两地都种桑养蚕。有一次，两边的采桑女因争夺桑叶发生纠纷，从而引发了冲突。楚平王大怒，于是派兵攻打吴国。吴国毫不示弱，派公子光反击楚国，结果吴国获胜，占领了楚国的钟离和居巢。这是一场由桑蚕纠纷引起的战争。

《汉书·司马相如传》记述了这样一个故事：临邛（今四川邛崃）的富人很多，其中有一个叫卓王孙的十分富有，拥有家僮800人。卓王孙的女儿卓文君很有才华，被成都人司马相如的才情吸引，私自做主与其成婚。婚后因家里贫穷，为了改善生活，相如和文君跑到临邛开了一个酒店，他们亲自招待客人，做些杂役之事，这样做丢尽了卓王孙的面子，迫不得已，他只好补办了嫁妆，分给文君100多个僮仆，钱财也达到百万之多。这100个僮仆中，就有专门织锦的工奴。文君回到成都之后，开设了丝织作坊，并且自己亲自设计图案纹样，这些丝织品被称为“文君锦”。

玄奘在《大唐西域记·瞿萨旦那国》中曾经给人们讲述了一段养蚕技术西传的故事。大意是说，在西域有一个国家叫瞿萨旦那国，这个国家里的居民不知道如何种桑养蚕，后来他们听说东边有一个国家善于养蚕，就派遣使者前去求蚕种。东国国王想保守秘密于是坚决不给，而且还下令边关戒严，以防桑蚕种被带出去。这个时候瞿萨旦那国王使用谦卑的言辞，用重礼向东国公主求亲。东国国王有远大的志向，一直在考虑扩张自己的势力，于是就答应了求婚一事。迎娶公主时，瞿萨旦那国王让迎娶的使者告诉公主，我们这里没有桑蚕之种，无法制作丝绸，如果公主想要做衣服的话可以把桑蚕种带来。公主听了使者的话，偷偷地找了一些桑蚕种，放在自己的帽子里面。到了边关，所有东西都被仔细地检查过了，唯独公主的帽子无人敢动。这样，东国的桑蚕种就传到了西域一带。

4.与织绣相关的故事

有一则关于蜀锦和曹操之间的故事：据说有一次，曹操在邺城（今河南安阳）的铜雀台举行宴会。在宴会时，他想出一个取乐助兴的游戏，于是命令侍卫取出自己的一件战袍，挂在垂杨树上，宴会上的将军比赛射箭，如果谁能射中，就把这件战袍奖给谁。谁知射中战袍的不止一人，于是他们互相争夺，一不小心把战袍扯碎了。这时曹操却笑着说：“各位不用争抢，我这件战袍是西川红锦做的，我给每位将军各赠一匹。”这种“西川红锦”就是后来的“蜀锦”。

关于粤绣有这样一则故事：在西樵山的九龙岩地区，有两口据说是当年紫霞仙姑的炼丹井，距今已有1200多年的历史。紫霞仙姑是南海人，她的粤绣技艺十分高超，被人们誉为“粤绣第一人”。正因为如此，她被皇帝选入宫中，专门为朝中的官员绣官服。当时皇帝很欣赏她的技艺和才情，想把她纳为妃嫔，但是她不喜欢宫中的争权夺利，更不贪图荣华富贵，坚持专心刺绣和修道，所以拒绝了皇帝的好意。到了60岁时，紫霞仙姑回到了家乡南海，隐居在西樵山上，一门心思钻研粤绣和炼丹。这位坚贞不渝的仙姑特别受村民们的喜爱，于是大家特意为她掘了两口井，专门用来炼丹。

关于云锦也有一则故事：相传，古代南京城的西边有一间又小又破的草房，里面住着一位织云锦的老艺人名叫张永。他专门替财主干活，每天大清早就开始用织机织锦，一直要忙到半夜才可以休息。有一天，财主快要过生日了，于是就逼着张永赶织一副“松龄鹤寿”的云锦。张永不眠不休，一夜才织出五寸半的锦，眼看期限快到了，老人面向门外巍峨的高山悲愤地叹道：“云锦娘娘，都说你是保佑我们织锦穷人们的神仙，现在财主硬是要把人往死里逼，你怎么能见死不救！”张永因疲劳过度，晕倒在织机旁。就在这时，张永家里突然走进来两个美丽的姑娘，她们把张永扶上床，自己就坐到织机旁边熟练地织起云锦来。张永从昏迷中醒来，看到一个姑娘在飞快地甩梭子织锦，另一个姑娘则坐在花楼上拽花。他连忙问：“你们是谁啊？”姑娘们指了指天边的云彩，张永看了一眼，再回头的时候，这两个姑娘都不见了，只留下机子上的云锦，上面青松翠柏、泉水叮咚，还有两只栩栩如生的仙鹤。张永把云锦往机子下卷，没想到这神奇的云锦拉了一幅又一幅，怎么也拉不完。街坊邻居们都跑来看热闹。正在这时，财主带着一帮打手到张永家了。他一看竟然有这样一台神奇的织锦机，就吩咐打手去抢，但是谁知平时几十斤重的木头织锦机，此刻竟然如铁铸的一样，搬也搬不动。财主急了，想要扯坏织机上的云锦，却只见织锦上的木梭子好像活了一样，跳起来追着财主打。恼羞成怒的财主吩咐打手们烧起房子来，正在这时天上一声炸雷，顿时暴雨倾盆而下，浇灭了大火。而这时云锦上的两只仙鹤突然飞了出来，扑到财主的脸上猛啄不放。财主鬼哭狼嚎，他的眼睛被仙鹤啄瞎了。张永和邻居们赶来的时候，只见城外的高山上两只美丽的仙鹤翩翩起舞。后来人们传开了，那天夜里帮张永织锦的两个姑娘就是云锦娘娘身边的两个仙女，奉云锦娘娘之命，特地到人间来整治财主。人们为了纪念云锦娘娘，就把张永住的这条街取名“仙鹤街”。

关于美丽的壮锦，有一个动人的故事。说在古时候，大山脚下有一块平地。平地上有几间茅屋，里面住着一位壮族的老妈妈，她的丈夫死得早，只剩她与三个儿子相依为命。这位老妈妈织得一手好壮锦。锦上织的花草鸟兽，十分鲜活生动。有一天，她看见一幅美丽的画，就想把它织出来，于是她一连织了三年，终于织出了一幅美丽的壮锦，上面有高大的房屋，好看的花园，大片的田地，又有果园、菜园和鱼塘，还有成群的牛羊鸡鸭。忽然一阵大风，把壮锦卷向东方的天边去了。老妈妈一看自己织的壮锦被刮走了，心急昏了过去。老妈妈先后派出了自己的大儿子和二儿子出发去寻找壮锦，但他们都畏惧路途的艰辛，贪图享乐不肯前往。后来，老妈妈病得越来越重，她的三儿子下定决心把壮锦找回来，他在大石马的帮助下，穿过火山和大海，终于找到了织锦，原来是仙女们太喜欢这幅壮锦了，想要学习一下。有一个穿红衣的仙女，手脚最伶俐，她一个人首先织完。老三趁深夜仙女们都回房睡觉的时机，拿走了自己家的壮锦，回到老妈妈的身边。娘儿俩走到门外，把壮锦展铺在地上。一阵香风吹来，壮锦慢慢地伸宽，把几里宽的平地都铺满了。老妈妈家的茅草屋变成了金碧辉煌的大房子，周围是花园、果园、菜园、田地、牛羊，和壮锦上织的一模一样。而这时突然出现了红衣仙女，原来她在老妈妈的壮锦里了偷偷地绣下了自己的像，就这样被老三带回了家中。于是三儿子就跟红衣仙女结为夫妻，过上了幸福的生活。

5.与桑蚕相关的成语、谚语

在养蚕的实践过程中，民众积累了丰富的生产经验和科技知识，经过人们的汇集整理之后，留下了许多与养蚕缫丝相关的成语、谚语以及歇后语。

有描绘丝绸染料的成语，如“近朱者赤，近墨者黑”，本义是描绘古时在丝绸印染的过程中，工人们整日在染缸旁进行操作，以至于被红色或黑色染料涂染的情形；“青出于蓝而胜于蓝”，本义也是描述染料的，青是靛青，蓝即蓼蓝，靛青是从蓼蓝里提炼出来的，但是其颜色比蓼蓝更深。还有描绘丝绸织造工艺的成语，如“锦上添花”，原来是用来表示在彩纬提花的基础上，用小梭子在织物局部增织花纹，从而使整个织锦显得更加美丽光鲜；“天机云锦”即云锦如同天上的织机织出来的，用来形容织造技艺的高超。另外，从蚕丝引申出的成语也十分常见，如“抽丝剥茧”和“丝丝入扣”，指的是因蚕丝纤细难以络丝加工，引申形容一个人分析事情十分细致，做事有条不紊；“经天纬地”及“满腹经纶”，是从整理蚕丝线缕的能力出发，引申形容人极富才干和智谋。

谚语有表现桑蚕生产重要性的，如“要得富，栽桑树；要用钱，多养蚕”、“桑是摇钱树，蚕是农家宝”；总结桑蚕生产经验的，如“清明孵蚕子，立夏见新丝”、“春风前后晴，桑叶加一成”、“大蚕吃饱桑，茧子硬梆梆”、“宁叫蚕老叶不尽，莫叫叶尽蚕不老”；记录桑蚕缫丝技术的，如“麦熟一晌，蚕老一时”、“高温多湿解舒差，茧色不一防夹花（丝）”。

歇后语有表现桑蚕吐丝的，如“大眠起来的春蚕——满肚子私（丝）”、“不吃桑叶的老蚕——尽是私（丝）”、“蚕的嘴巴——出口成诗（丝）”、“春蚕到死——怀着丝”、“蚕宝宝做梦——想思（丝）”；有寓意人的品质的，如“蚕宝宝吃桑叶——胃口越来越大”、“蚕爬扫帚——净找茬（杈）儿”、“土蚕钻进花生壳里——假充好仁（人）”；有以绸缎为“引子”的，如“穿绸缎吃粗糠——外光里不光”、“缎子被面麻布里——表里不一”、“清水里洗绸子——干净利落”、“绸缎上绣牡丹——锦上添花”。

第五章
“非遗”里的丝绸

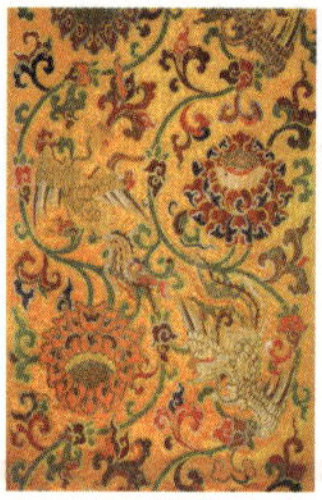

中国是最早养蚕缫丝的国家，丝绸文化是中华民族的一大发明，并通过丝绸之路对人类文明产生了深远影响。蚕丝织绣包括栽桑、养蚕、缫丝、织造、印染、刺绣等生产技艺及其产品，不论是精巧的织机、精湛的技艺还是其独特的质感，都显示出中国丝绸的瑰丽与神奇。

一　桑蚕习俗

1.桑蚕习俗

2008年，桑蚕习俗经国务院批准入选《第二批国家级非物质文化遗产名录》，申报单位为浙江省湖州市德清县（扫蚕花地）、南浔区（含山轧蚕花）。

图1　含山轧蚕花

桑蚕习俗是中国蚕丝织绣文化的重要组成部分，人们因为蚕丝织绣而有着共同的生活习俗和生活环境，形成一个共同的文化圈。在历史的长河中，形成了一系列具有桑蚕特征的民俗活动，涉及节日庆典、人生礼仪、民间信仰、语言文学和传统艺术。每年寒食清明，蚕乡家家清扫蚕房，清除尘埃和垃圾，准备“关蚕房门”，开始一年的桑蚕生产。这时就要请民间艺人来蚕房表演“扫蚕花地”，以清除一切灾难晦气，祈求吉利和桑蚕丰收。民间传说把地处浙江省湖州市南浔区含山镇境内的含山，视为蚕神的发祥地和降临地，含山清明“轧蚕花”习俗便由此而生，含山也由此成为杭嘉湖蚕乡的“蚕花圣地”。

娄金莲（1941—）

浙江省非物质文化遗产项目桑蚕习俗（扫蚕花地）代表性传承人。

浙江省湖州市德清县钟管镇东舍墩人。清末民初，从正月初一到清明，专门有一种人，给养蚕人哼曲、讨彩头，然后大家送他一升米，慢慢地成了乡村庙会上的必备节目，俗称“唱蚕花”。唱词内容多为祝愿蚕茧丰收和叙述养蚕劳动过程，并表演扫地、糊窗、掸蚕蚁、采桑叶、喂蚕等一系列与养蚕生产有关的动作。娄金莲10多岁时，拜杨筱天为师，在文化馆跟着师傅学唱《扫蚕花地》。杨筱天（1913—1986），浙江省曲艺协会会员，13岁向民间艺人福囡学唱《扫蚕花地》。1958年根据民间歌舞《扫蚕花地》，与县文化馆一起改编为《蚕桑舞》，拍成纪录片《德清蚕桑》。杨筱天的《扫蚕花地》被认为是最完整、最有代表性的。目前德清能够演唱《扫蚕花地》的仅有娄金莲一人，作为一种桑蚕民间文化，娄金莲成了《蚕花谣》的代名词。

沈永昌（1931—）

浙江省非物质文化遗产项目桑蚕习俗（含山轧蚕花）代表性传承人。

图2　娄金莲表演扫蚕花地

图3　轧蚕花

浙江省湖州市南浔区善琏镇含山村人。“轧蚕花”是江南蚕乡崇拜蚕神的一种表现形式，也是中国蚕丝织绣的有机组成部分。民间传说浙江省湖州市南浔区含山镇境内的含山是蚕神的发祥地和降临地，含山轧蚕花庙会在明清时达到鼎盛时期，各种府志、县志、镇志都有记载。传统的含山“轧蚕花”活动，主要以背蚕种包、上山踏青、买卖蚕花、戴蚕花、祭祀蚕神、水上竞技类表演等为主要内容。蚕姑在踏蚕花地之前都要先到山顶宋塔旁的蚕神庙里进香。年长的人身背红布“蚕种包”，将自家当年头蚕蚕种纸置于包幞之中，上山绕行一周，让蚕种染上含山的蚕神喜气，以祈求今年蚕茧丰收。蚕妇们争购石淙人出售的精美的彩纸蚕花，簪戴头上。沈永昌从20世纪70年代起主管民俗,熟悉含山轧蚕花的各种蚕事习俗。

2.高杆船技

2010年，高杆船技经国务院批准入选《第三批国家级非物质文化遗产名录》，申报单位为浙江省桐乡市。

高杆船技起源于明末清初，以清代后期和民国时期为盛。当地农民以桑蚕生产作为主要的生存方式，每年一次的蚕神祭祀是当地最重要的民俗活动。高杆船技就是在蚕神祭祀仪式上表演的模拟蚕宝宝吐丝作茧动作的水上民间杂技项目。表演时间为每年清明节前后三日的蚕花水会，在桐乡清河村双庙渚、南松村富墩桥和含山等附近水面上表演。高杆船技的表演形式独特而又巧妙，呈现出极为鲜明的水乡、蚕乡特色。船在河中行、杆在船上立、人在杆上翻是高杆船杂技基本的表演形式。表演时利用人的重力、毛竹天然的柔性与韧性，使毛竹的上端自然弯曲90度与水面平行，形成类似于单杠的表演区域。平伸出的毛竹又巧妙地将演出者的落地点引出船体而置身于水面之上，形成了十分巧妙的安全保障。高杆船技全套动作有十八个，有脚跟勾竹、倒挂锄头、张飞卖肉、蜘蛛放丝等。高杆船技是每年“含山轧蚕花”和“双庙渚蚕花水会”上最受欢迎的压轴大戏。

图4　水乡高杆船技

屠荣翔（1950—）

浙江省非物质文化遗产项目高杆船技代表性传承人。

浙江省桐乡市洲泉镇夜明村杨西浜人。现能查明的最早一代高杆船技能手是车金寿（1899—1955）。现

图5　屠荣翔表演高杆船技

图6　织造云锦

图7　吉庆双鱼织金妆花缎

在能表演高杆船技的人约有10人，由于此项表演富有惊险性，技巧难度高，要求表演者健壮、灵活，应变能力强，因此能完成全套动作的仅一两个人。屠荣翔1964年开始学习高杆船技，长期参加在双庙渚、南松村富墩桥和含山蚕花盛会期间进行的高杆船技表演。是目前桐乡高杆船技的主要继承人之一，是高杆船技表演的主要组织者与参与者。高杆船技表演时，屠荣翔着白色服装，攀爬至杆顶，远望犹如蚕宝宝上蔟，蜷曲昂首、吐丝作茧。他以高杆的上部呈水平时为最佳平衡点表演各种动作，表演惊险刺激，震动四乡，体现了当地蚕农过人的胆识和独特的审美。

二　织造

1.南京云锦木机妆花手工织造技艺

2006年，南京云锦木机妆花手工织造技艺经国务院批准入选《第一批国家级非物质文化遗产名录》，申报地区为江苏省南京市、江苏汉唐织锦科技有限公司（2010第二批扩展）。2009年，“南京云锦织造技艺”入选联合国教科文组织“人类非物质文化遗产代表作”。

南京云锦已有1500多年的手工织造历史，其木机妆花是中国4700多年丝绸织造史中，惟一流传至今不可被机器取代，只能凭人的记忆编织的传统手工织造工艺。南京云锦织造技艺存续着中国皇家织造的传统，是中国织锦技艺最高水平的代表。元、明、清三朝，一直是御用品，皇室、宫廷、寺庙、佛堂为南京云锦妆花手工织造工艺的发展，提供了一个极大的文化空间。它将“通经断纬”等核心技术运用在构造复杂的大型织机上，由上下两人手工操作，用蚕丝线、黄金线和孔雀羽线等材料织出龙袍等华贵织物。云锦浓缩了中国丝织工艺的历史、文化和技艺，继承和再现了中国丝织工艺的精华，是中国织锦工艺的“活化石”。如今，因灿若云霞而得名的南京云锦，依然作为中国传统织造技艺的经典，用于高端织物的织造，为民众所喜爱。

图9　朱枫云锦作品《凤穿牡丹》

朱枫（1915—2009）

第一批国家级非物质文化遗产项目南京云锦木机妆花手工织造技艺代表性传承人。

中国工艺美术大师。毕业于上海美术专科学校，1954年进入南京云锦研究工作组。长期从事南京云锦图案、色彩的研究和实践，对云锦工艺技术、设计风格、文化艺术的研究有着很深的造诣。1956年组织编绘《南京云锦》黑白图案集，1984年在云锦研究所三十周年特刊上发表《从对立和谐的美学规律看云锦风格和技法》。1984年4月参与《织金孔雀羽妆花纱龙袍料》复制工作，该项目获中国工艺美术品“百花奖”金奖。设计的一批云锦精品多次出国参展，并于2002年获中国工艺美术大师作品展优秀奖，银奖等。主要学术论文有《从对立和谐的美术观点看云锦风格和技法》《云锦云纹的艺术规律》等。主要代表作有《牛郎织女妆花缎》《孔雀牡丹妆花缎》《蝶恋花》《孔雀牡丹锦》，以及为人民大会堂和外交部迎宾馆设计的云锦沙发面料等。其中《孔雀羽妆花纱龙袍》获中国工艺美术品“百花奖”（珍品金杯奖）。

图8　朱枫

周双喜（1955—）

第三批国家级非物质文化遗产项

图10　周双喜

目南京云锦木机妆花手工织造技艺代表性传承人。

高级工艺美术师。曾祖父为江宁织造局织造堂工匠，祖父有织造作坊，父亲是中兴源丝织厂云锦织造技师。1973年参加工作，从事云锦织造工艺的研究和实践工作30多年。对不同组织工艺的云锦妆花品种有独特的研究，熟悉云锦各类妆花品种的装造工艺流程和织造方法（包括妆花缎、妆花纱等）。熟悉大花楼木织机和小花楼木织机的工艺装造和织造要求，技艺高超，作品完全能够体现设计要求。1983年起，主要负责古代丝绸文物的研究与复制工作，在云锦的织造工艺、古代丝绸的复制、研究方面有着很高的水平，为云锦传统技艺的保护、传承作出了巨大的贡献。2007年，参与编写了大型画册《中国南京云锦》以及《南京云锦企业标准》，制订、编写了云锦织造工序工艺规程和操作规范。2006年，被授予“中国织锦工艺大师”称号。

图11　周双喜云锦作品《金龙》

金文（1954—）

第三批国家级非物质文化遗产项目南京云锦木机妆花手工织造技艺代表性传承人。

图12　金文

图13　金文云锦作品《喜相逢》

中国工艺美术大师。1973年起从事云锦制作。现为南京博物院民俗研究所传统工艺研究室主任、江苏汉唐织锦科技有限公司董事长。《织金孔雀羽妆花纱龙袍料》获中国工艺美术品“百花奖”，并被国家科委作为古代科技成果送展日本筑波国际博览会。《元青地织锦金银孔雀羽妆花麒麟补》获2001杭州西湖博览会中国第二届工艺美术大师作品暨工艺美术精品博览会银奖。《云锦：真金孔雀羽团龙》获2002中国华东工艺美术精品奖特别金奖。《真金孔雀羽大团龙立轴》2007年被中国国家博物馆收藏。《五福龙》获2009年中国工艺美术品“百花奖”金奖。《一品麒麟补》被南京市政府选作礼品，赠给前国际奥委会主席萨马兰奇。代表作：《真金孔雀羽大团龙地屏》将云锦中的三大类——库缎、库锦与妆花巧妙地结合在一起；《真金妆花喜相逢》具有传统宫廷风格；《二色金真金秦淮月色》是云锦中二色金织物。

2.宋锦织造技艺

2006年，宋锦织造技艺经国务院批准入选《第一批国家级非物质文化遗产名录》，申报地区为江苏省苏州市。

宋锦，因主要产地在苏州，也被称为“苏州宋锦”。春秋时，地处江南的吴国贵族已经在生活中大量使用织锦，历经各时代的发展，织锦技

图14　织造宋锦

图15　宋锦　蓝地龟背花朵锦

艺在宋代得到了全面的提高。苏州宋锦，是一种以经线和彩纬同时显花的织锦。宋锦的类别，分为重锦、细锦、匣锦和小锦四类。宋锦继承了汉唐蜀锦的特点，并在此基础上又创造了纬向抛道换色的独特技艺，在不增加纬重数的情况下，整匹织物可形成不同的横向色彩。传统宋锦，染色需用纯天然的染料，先将丝根据花纹图案的需要染好颜色才能进入织造工序。染料挑选极为严格，大多是草木染，也有部分矿物染料。宋锦主要用作书画装饰和官员服装。

钱小萍（1939—）

第一批国家级非物质文化遗产项目宋锦织造技艺代表性传承人。

江苏武进人。全国茧丝绸“终身成就奖”获得者。主要研究丝绸现代织物和古代织物的风格、结构、工艺技术及其应用。设计的丝绸新产品“花绒绸”、“凤羽绡”等曾获国家

图16　钱小萍

图17　钱小萍宋锦作品《菱格四合如意锦》

金龙奖。创建了苏州丝绸博物馆，旨在抢救、挖掘、展示和弘扬中国丝绸织物。擅长古代破损丝绸文物的复制，成功复制东周时期“条形几何纹锦”、“方孔纱”和“北宋·灵鹫球路纹锦”等珍贵丝绸文物20余件；复制的先秦、两汉和隋唐的丝绸文物精品曾被国家博物馆、新疆博物馆、青海博物馆、荆州博物馆以及日本冈谷蚕丝博物馆收藏。撰写有关丝绸和文博专业的学术论文30余篇，著有《丝织纹织》《丝绸实用小百科》《中国传统工艺全集》分卷之一《丝绸织染》《宋锦》等专著。

3.苏州缂丝织造技艺

2006年，苏州缂丝织造技艺经国务院批准入选《第一批国家级非物质文化遗产名录》，申报地区为江苏省苏州市。

南宋时期，缂（刻）丝开始在苏州一带流行并得到发展。主要是使用古老的木机及若干竹制的梭子和拨子，经过“通经断纬”，将五彩的蚕丝线缂织成一幅色彩丰富、色阶齐备的织物。在图案轮廓、色阶变换等处，织物表面像用小刀划刻过一样，呈现出小空或断痕，因此得名。沈子蕃、吴煦都是这一时期在苏州出现的名工巧匠，他们的作品多以宫廷院画为范本，缂技极为精巧，对以后缂丝技艺的发展产生了深远影响。缂丝的织造工序独特且繁复，人工代价十分高昂，有“一寸缂丝一寸金”之说，其制品主要是历代宫廷御用之物。缂丝被誉为“织中之圣”，是最早用于艺术欣赏的丝织物。

王金山（1939—）

第一批国家级非物质文化遗产项

图18　缂丝作品仿宋《翠羽秋荷》

目苏州缂丝织造技艺代表性传承人。

江苏苏州人。高级工艺美术师，中国工艺美术大师。1992年国务院授予国家级突出贡献专家称号，享受国务院批准的政府特殊津贴。1956年进入苏州刺绣研究所，拜著名缂丝艺人沈金水为师，学习缂丝织造技艺。独立完成以宋画为蓝本的《白头翁·朱雀》，一连制作十幅，一销而空。1963年曾派到北京故宫博物院，复制宋代缂丝名家沈子蕃的《梅鹊》《青碧山水轴》和朱克柔的《牡丹》《蝴蝶·山茶》等缂丝作品。历任苏州缂丝厂厂长、苏州工艺美术研究所副

图19　王金山

所长。撰写了《苏州缂丝》《缂丝技艺发展》《论宋缂丝技艺表现手法》等论文并获奖。作品先后获得轻工业部、江苏省创新奖和中国工艺美术百花奖银杯奖。部分精品陈列和收藏在

图20　王金山缂丝作品仿宋《莲塘乳鸭》

北京人民大会堂、毛主席纪念堂、故宫博物院和中国工艺美术珍宝馆。代表作：缂丝双面异色异样、《牡丹》《蝴蝶山茶》《寿星图》等。

4.蜀锦织造技艺

2006年，蜀锦织造技艺经国务院批准入选《第一批国家级非物质文化遗产名录》，申报地区为四川省成都市。

蜀锦传统技艺包括：蜀锦花楼织机、纹样设计，经纬丝色彩组合及挑花结本等程序形成的织锦技艺。四川桑蚕丝绸业起源很早，是中国丝绸业发祥地之一，故称“蚕丛古国”。战国时期，蜀锦已成为重要的贸易品。并由此开辟了一条由成都出发，经云南、缅甸、印度、巴基斯坦到中亚的国际文化交流通道——“蜀身毒道”，即著名的“南方丝绸之路”。蜀锦生产的传统工艺过程，大致可以

图21　蜀锦《熊猫》

图22　蜀锦

分为纹制工艺和织造工艺两大部分。“挑花结本”的蜀锦传统技艺自古以来一直沿袭古蜀锦拉花横扯的特点。蜀锦花本移到花楼上，原范本可以保留，或移到其他花楼使用。蜀锦尤以月华锦、雨丝锦、方方锦最具特色。

叶永洲（1929— ）

第一批国家级非物质文化遗产项目蜀锦织造技艺代表性传承人。

四川简阳人。14岁到成都市青莲巷39号“樊青云号”学习蜀锦的传统技艺，师从樊青云，学徒三年，学习挽花、丢梭技能。1949—1951年，师从“梭子大王”熊本兴先生学习挽花、丢梭。1951年进入成都蜀锦厂，参与复制“花楼织机”工作。1951—1959年，在“第一纺织合作社”手工织造蜀锦，织出的锦品种繁多，难以统计。1983—1993年受中国科协等组织委派，先后到美国芝加哥、纽约，瑞士等地用花楼织机表演织锦技艺。继承了大师们在投梭织造时的优点，博采众长，练就了一身投梭的好本领。拉花和投梭时用力需适中，否则会出现严重的断头（经纬线断裂）现象。然而，经过叶永洲的不断创新和改进，断头率被控制得极低，他还开创性地将力学和美学完美结合，使织锦具有极高观赏性。

图23　叶永洲

刘晨曦（1944— ）

第一批国家级非物质文化遗产项目蜀锦织造技艺代表性传承人。

四川成都人，出身蜀锦世家。清末祖上以挑花结本见长，兼作挽花、丢梭。自幼随父亲刘永祥（刘云山）学习蜀锦传统的“挑花结本”手工技艺，1962年进成都蜀锦合作工厂做学徒。先后师从杨志修、何世荣学习蜀锦的核心技艺，即品种、组织、艺

图24　刘晨曦

匠、挑花结本、轧纹等。掌握了织锦各工序，更侧重于纹板的制作程序以及挑花结本技艺。1973年受成都丝绸公司领导委派，带领成都丝绸厂、东方丝绸厂、蜀锦厂丝绸设计人员赴苏州朝阳锦缎研究所进行系统的近代织锦纹织技术学习。主要从事仿古纹样设计，完成了“苏武牧羊”、“刘海戏蟾”、“天女散花”等挑花结本的设计，先后设计出仿唐代的联珠狩猎纹锦，仿宋代的灯笼锦、八答晕锦，现代的三星堆金面罩等。编撰《蜀锦历史沿革及蜀锦技艺资料》《蜀锦史话》等著作。代表作：《蜀魂》《金面罩》《灯笼锦》《芙蓉城里尽朝晖》等。

图25　织造壮锦的织机

图26　壮锦

5.壮族织锦技艺

2006年，壮族织锦技艺经国务院批准入选《第一批国家级非物质文化遗产名录》，申报地区为广西壮族自治区靖西县。

壮锦，与云锦、蜀锦、宋锦并称中国四大名锦。壮锦是在装有支撑系统、传动装置、分综装置和提花装置的手工织机上，以棉纱为经，以各种彩色丝绒为纬，采用通经断纬的方法巧妙交织而成的艺术品。真正能够称为“壮锦”的纺织品则出现于宋代，距今已有900多年。壮锦是少数民族织锦中唯一一个需要挑花结本的锦。历经千余年发展的壮锦有自成体系的3大种类、20多个品种和50多种图案，以结实耐用、技艺精巧、图案别致、花纹精美著称。传统的壮锦图案来自壮族妇女对大自然的观察、感悟与想象，大都选取生活中的可见之物和象征吉祥幸福的纹样。壮锦多用大红、杏黄、翠绿或纯白作底色，用对比强烈的色彩作花，浓艳粗犷，生意盎然，具有鲜明的地方特色。

蒙如君（1957—）

广西壮族自治区非物质文化遗产项目壮族织锦技艺代表性传承人。

广西忻城人。1972年初中毕业进忻城县壮锦社（后改为县壮锦厂）工作。当时厂里共有韦桂荣、黄爱勤、韦朗先3位师傅，其中以韦桂荣编花本的工艺技术最棒。蒙如君跟着师傅韦桂荣学习了8年，到1980年，熟练地掌握了一整套织锦技术。经过多年的学习研究和实践，蒙如君形成了自己的织锦风格。她的织锦典雅大方，图案结构严谨，色彩斑斓，尤其擅长对大小卐字纹、水纹、回纹、云纹、小梅花等各种小花的综合运用；在配色上，用色大胆，色调强烈明亮。1986年，蒙如君被提拔为壮锦厂厂长。2011年11月，被中国工艺美术学会织锦专业委员会授予“中国织锦工艺大师”称号。作品《传统大卐字锦》被中国织锦工艺陈列馆收藏。

图27　蒙如君

6.蚕丝织造

2008年，蚕丝织造经国务院批准入选《第二批国家级非物质文化遗产名录》，申报单位为浙江省杭州市余杭区（余杭清水丝绵制作技艺）、浙江省杭州市余杭区（杭罗织造技艺）、浙江省湖州市南浔区（双林绫绢织造技艺）、浙江省杭州市（杭州织锦技艺）、浙江省湖州市南浔区（辑里湖丝手工制作技艺）。

图28　余杭清水丝绵制作技艺

图29　辑里湖丝手工制作技艺

浙江省的桑蚕丝生产和织造技艺，蚕丝织造项目包括杭罗、绫绢、丝绵、湖丝、杭州织锦等织造技艺。余杭清水丝绵制作历史悠久，唐代时丝绸生产已很普遍，开元年间丝绵被列为贡赋。民国时，余杭“老恒昌”清水丝绵享誉国内外。杭罗原产杭州，由纯桑蚕丝以平纹和纱罗组织联合构成，绸面具有等距规律的直条形或横条形纱孔。双林绫绢薄如蝉翼、轻如晨雾，质地柔软，素有“凤羽”之美称。杭州织锦以都锦生为代表。“辑里湖丝”，因产于湖州市南浔镇辑里村而得名。“辑里丝”名甲天下，成为中国乃至世界优质丝的代名词。明清时期，“辑里丝”是皇帝龙袍的御用丝品。

周康明（1948—）

第三批国家级非物质文化遗产项目蚕丝织造（双林绫绢织造技艺）代表性传承人。

浙江湖州人。绫绢是绫与绢的合称，“花者为绫，素者为绢”，绢主要用于代纸作画作书，绫主要用于装裱书画。由于绫的缩水率与宣纸基本一致，所以具有装裱平挺、书面不皱不翘的特点。周康明的祖父周德财一直居住在双林镇，20世纪20年代就从事绫绢加工工艺，有“红、白绢坊”，1956年合营为双林绫绢厂。周康明1964年毕业于双林中学，1965年进入双林绫绢厂，师从陆志荣，学徒三年。1968年以后，开发绫绢新产品新工艺，多次被国家轻工部、省、市授予科技进步奖、工艺百花奖。1985年，获中国工艺美术品百花奖优秀创作二等奖。1985年，获浙江省科技进步三等奖（矾绢连续上浆新工艺）。1986年，获轻工业部“矾绢连续上浆新工艺”三等奖。代表作品：《锦绫》。

图30　周康明

7.傣族织锦技艺

2008年，傣族织锦技艺经国务院批准入选《第二批国家级非物质文化遗产名录》，申报地区为云南省西双版纳傣族自治州。

傣族织锦，是流传在傣族地区的传统手工织锦技艺。唐代有傣锦向朝廷进贡的记录。傣族织锦多是单色面，用纬线起花，织造时傣族妇女将花纹组织用一根根细绳系在“纹板”（花本）上，用手挡脚蹬的动作使经线形成上下两层后开始投纬，如此反复循环便可织成傣锦。傣族织锦的工

图31 傣锦

具主要有木织机、纺线机、木槽等。傣锦多以白色或浅色为底色，以动物、植物、建筑、人物等为题材。所织孔雀、骏马、龙、凤、象、麒麟，特别是凤凰展翅、大象、马、塔等图案，分别代表着吉祥、力量和丰收；宝塔、寺院、竹楼，寄寓对美好生活的追求。傣锦在人们的日常生活中普遍使用，还服务于人们的宗教活动，是赕佛的主要用品。

图32 叶娟

图33 叶娟织造的傣锦

叶娟（1959— ）

第三批国家级非物质文化遗产项目傣族织锦技艺代表性传承人。

傣族，云南省西双版纳傣族自治州勐养镇曼纳庄村委会曼龙岗村人。11岁跟随母亲玉腊学习傣族支系傣雅人织锦技艺。13岁时全面掌握傣族支系傣雅人织锦的全套技术并可独立织锦。编织傣锦使用的原料，主要是自种、自纺的经土法染成红、黄、蓝、黑、紫、青、绿等色的彩色棉线和丝线。染料也是自采自配的。能用白色或彩色粗线，织出精美的凹凸花纹，并能用各种彩色丝线与金缕银线，交织成有着复杂美丽花纹的精致艳丽的傣锦。织品制工精细，造型严谨大方，图案色彩搭配得当，制成品有挎包“筒帕”、佛幡“栋”、床单、垫褥、枕头、门帘等。是当地公认的织锦能手，被群众尊称为“来丁来谋”（即有某种手艺之人）。2012年，制作的一件傣族被套，被云南民族博物馆永久收藏。

9.北京宫毯织造技艺

2008年，北京宫毯织造技艺经国务院批准入选《第二批国家级非物质文化遗产名录》，申报单位为北京市。

北京宫毯织造技艺因在宫廷长期织造使用而得名，它是以羊毛、蚕丝、金线、棉线为主要原料，以经纬线交错为毯身结构，以栽绒、盘金、片剪等为技艺方式，以手工织造方式进行织造的传统技艺。其传承与流布的区域主要分布在北京地区，技艺来源于宫廷工匠，文化内涵来源于宫廷文化，所以，至今依旧被命名为“宫毯”。元代是北京宫毯织造技艺的形成时期。明代有为宫廷造办的专门机构 “司设监”。清代官坊毯的图案由“如意馆”的宫廷画师设计。盘金毯、盘银毯是北京宫毯织造的特色和代表，在清代中期和晚期较为兴盛。盘金盘银工艺中使用的金银线，叫做金箔线和银箔线，系赤金和银箔条包在丝线和棉线上，加捻而成的。用这种金银线盘绕竖经，按纬线横向走向，往返盘绕成均匀的人字辫纹路，组成平面金色的实体，衬托用各种彩色丝毛线栽绒凸显纹样，体现出浓郁的宫廷艺术风格。

图34　盘金毯　五龙图

图35　北京宫毯织造的配色样本

康玉生（1947—）

第三批国家级非物质文化遗产项目北京宫毯织造技艺代表性传承人。

北京人。14岁在北京聚顺成地

图36　康玉生

图37　正在织造的盘金毯

毯厂拜“东门派”传人陈子权、焦殿功为师，经刻苦学习，基本掌握了织毯技艺的全套技术，成为第四代传人。在长期从事织毯工艺的开发与研究中，总结出一套完整的地毯织造操作法；在挂毯技艺上总结出压、挤、垫、钉、剔、楔、倒、润八种技法；创新了多种织造工艺，创造出新的织造方法——“织起凸”。“织起凸”比片剪达到的浮雕效果更加立体、自然。2005年率领徒弟与专家合作，抢救、挖掘出濒临失传的盘金丝毯织造工艺，为传承地毯织造技艺做出了突出贡献。代表作品有：《百花四条屏》《永乐宫壁画》《红楼梦人物条屏》等。

三 刺绣

1.顾绣

2006年，顾绣经国务院批准入选《第一批国家级非物质文化遗产名录》，申报地区为上海市松江区。

顾绣是明嘉靖三十八年松江府进士顾名世之子顾汇海之妾缪氏所

图38　顾绣作品《松鹤》

创，是江南唯一以家族冠名的绣艺流派。顾名世次孙媳韩希孟善画，在针法与色彩运用上独具巧思，显著提高了这种绣法的艺术品格，顾绣由此又称“画绣”。韩希孟之后，顾氏家道中落，逐渐倚赖女眷刺绣维持生计，并广招女工，从此顾绣由家庭女红转向商品绣。“顾绣”从一开始就有别于苏、粤、湘、蜀四大名绣。它以摹绣文人书画为主，绣技精湛、绣风精致、绣格精雅，把刺绣中传统的针法，与国画笔法相结合。以针代笔，以线代墨，勾画晕染，浑然一体，半绣半绘，以补色、借色见长，并运用中间色化晕。大大提升了中国绣艺的美学品质和文化地位。

戴明教（1922— ）

第一批国家级非物质文化遗产项目顾绣代表性传承人。

上海松江人，13岁到“松筠女子职业学校”刺绣班上学，师从沈寿之徒宋金铃学习刺绣。20世纪50年代起，进入松江刺绣合作社。1976年进松江工艺品厂考察，研究出双面绣。1977年，顾绣作品《红蓼水禽》在当年的全国工艺美术展览上引起轰动。1978年，双面绣法《群鱼戏藻图》完成，开创了顾绣作品双面绣的先河，并在上海市民间工艺授奖大会上被授予一等奖。1991年，完成作品《小庭婴戏图》和《双鹤图》，前者是根据宋代名画而制，后者临摹松江画家刘建民的国画作品。为了让顾绣技法不致失传，专门口述了“顾绣针法”，由儿子整理成书，书名为《顾绣针法初探》。一生共创作了40多幅顾绣作品，现在除了松江博物馆收藏的几幅外，大部分作品或被选为外交礼品，或因在国际文化交流中频频获奖，被世界各地美术馆、博物馆和顾绣爱好者收藏。

图39　戴明教

2.苏绣

2006年，苏绣经国务院批准入选《第一批国家级非物质文化遗产名录》，申报地区为江苏省苏州市、江苏省无锡市（无锡精微绣　2008年第一批扩展）、江苏省南通市（南通仿真绣　2008年第一批扩展）。

苏绣技艺产生发展于苏州地区，得江南风土人情滋养，自明代以来一直保持精细雅洁的地方风格，集中体现了苏州文化敦厚温文、崇文尚礼、精细典雅的特性，已经成为苏州文化的象征之一，在中国刺绣格局中脱颖而出。苏绣的底料主要为真丝类织

图40　苏绣作品《彩墨荷塘》

图41　刺绣

物，具薄、透、滑等特点，采用的绣线是以桑蚕丝染成的花线为主,还有人发、珍珠、金银丝等制成的特殊的绣线。清末民初，苏州人沈寿进一步发展传统苏绣技艺，创制了仿真绣，拓展了苏绣的题材，提升了苏绣的艺术表现力。20世纪30年代，苏绣名家杨守玉擅长传统苏绣的针法技艺，又善于吸收其他艺术的表现形式，在针法排列、色线施加上进行了发展，创制了新的苏绣绣种——乱针绣，丰富并扩展苏绣的题材与内涵。

李娥瑛（1926—）

第一批国家级非物质文化遗产项目苏绣代表性传承人。

江苏苏州人，中国工艺美术大师。1933年随母学习绣艺；1952年绣成双面绣《和平鸽》，被选为国家礼品；1958—1962年担任苏州刺绣研究所第一届刺绣专修班主任，培养学员32人；1979年获中国工艺美术家荣誉称号；1986年任苏绣艺术博物馆副馆长；1989—1997年创建苏绣艺苑。深入研究刺绣的传统针法，能全面掌握并熟练运用各种传统针法。首创用双层底料绣《海鹤竞翔》。首创用泥金底绣《梅花幽禽》。擅长刺绣针法的研究、运用和总结。曾先后解决双面绣技法的提高、刺绣底料的改革等关键问题。1959年指导绣成大型刺绣座屏《松龄鹤寿》陈列在北京人民大会堂江苏厅。1961年，主持苏绣针法

图42　李娥瑛

图43　顾文霞

汇编工作，把苏绣针法归结为九大类四十二种。代表作：《翠鸟》《纳赛尔像》《幽禽图》《普贤菩萨》《湘君》等。

顾文霞（1931—）

第一批国家级非物质文化遗产项目苏绣代表性传承人。

江苏吴县人，高级工艺美术师，中国工艺美术大师，获国务院特殊津贴。1945年跟随母亲学习刺绣。1954年8月在苏州市文联刺绣小组工作。1965年10月后担任苏州刺绣研究所副所长兼总工艺师，1986年11月创建中国苏绣艺术博物馆，任馆长、总工艺师。1999年6月退休。2001年建立顾文霞大师工作室。1955年撰写论文“苏绣针法种类和绣制方法”，后被译成俄文，转给苏联作为文化交流资料。曾到英国、瑞士等国家进行刺绣表演并传授技艺。双面绣《花猫戏

图44　顾文霞苏绣作品《猫》

蚱蜢》被中国工艺美术珍宝馆收藏。1985年以后，重点进行刺绣文物的复制研究工作。先后复制的古绣品有上海博物院和故宫博物院的韩希孟珍品，定陵、大葆台、沈阳博物馆、荆州博物馆、宋庆龄故居、法门寺博物馆的文物。代表作：《姑苏繁华图》《清明上河图》《八十七神仙卷》《维摩演教图》和《孙子兵法绣册》等。

姚建萍（1967— ）

第三批国家级非物质文化遗产项目苏绣代表性传承人。

江苏苏州人。1986—1988年在苏州工艺美术学校学习刺绣。1990—1993年师从苏州刺绣专家徐志慧老师专攻人物肖像，绣的伟人肖像画独具一格。1998年创建了苏州镇湖刺绣研究所。2002年创建了苏州姚建萍刺绣艺术馆。作品《蒙娜丽莎》《世纪和平——百鸽图》《父亲》获中国民间文艺最高奖“山花奖”金奖；周恩来肖像《沉思》、邓小平肖像《伟人的风采》及精微绣《吹箫引凤》分别获首届中国国际博览会金奖；《和平》获苏州市“五个一工程”奖；《高山流水校友情》被南京大学作为特级珍品收藏；《我爱中华》首次搭载卫星遨游太空；《和谐——百年奥运中华圆梦》被奥林匹克博物馆永久收藏。《英国女王》获2006年中国工艺美术精品展银奖。代表作：《海纳百川》《富春山居图》《春早江南》等。

图45　姚建萍

图46　姚建萍苏绣作品《英国女王》

赵红育（1958— ）

第三批国家级非物质文化遗产项目苏绣（无锡精微绣）代表性传承人。

江苏无锡人，中国工艺美术大师。在苏绣技艺体系中，把卷幅微小、绣纹精细、技艺风格精巧微细的绣品，称之为精微绣，无锡以精微绣作为技术和艺术定位。赵红育通过几十年的艺术锤炼和孜孜不倦的艺术追求，成为当代无锡精微绣的杰出代表，以精细若微却意趣无穷的画境，充分彰显了精微绣的风格特征和美学魅力。1973年，师从华慧贞学习刺

图47　赵红育

图48　赵红育双面精微绣作品《击鞠图》

绣。1980年，加入无锡市工艺美术研究所副所长张炜农发起的、共同研创受唐代笔记记载启发的微细型刺绣专题组。完成了20厘米见方、由700余字的经文文字组成衣纹的《观音》和直径仅10厘米、有百余个篆体“寿”字的双面绣《百寿图》。1982年，在“双面绣”中创造性地使用了“精微”技法。代表作品：《丝绸之路》《饮中八仙》《阿房宫》《击鞠图》等。

金蕾蕾（1956—）

第三批国家级非物质文化遗产项目苏绣（南通仿真绣）代表性传承人。

南通仿真绣也称“沈绣”，是苏绣的一个分支，得名于它的创始人——清末民初的刺绣艺术家沈寿。仿真绣运用光线与透视的原理于传统绣法，改变了以往刺绣中平铺直套的针法，按自然物的形状旋转铺绣，以人物绣最为擅长。这些艺术特色使仿真绣形成了独特的艺术风格，并在南通、苏州一带得到传承与发展。金蕾蕾1972年进南通工艺美术研究所，学习仿真绣。1992年随文化部赴印度参加“中国文化节”，做苏绣的巡回表

图49　金蕾蕾

图50　金蕾蕾仿真绣作品《华夏大地日月同辉》袁运甫设计

演。精心绣制了一批文人画绣精品：唐周昉《簪花仕女图》、张萱《虢国夫人游春图》、宋刘松年《天女献花图》、元赵孟頫《调良图》、明唐寅《秋风纨扇图》。乱针绣《天圣母与天使》《鸢尾花》《静物花卉》等油画和系列中外肖像被海内外收藏家珍藏。

余福臻（1942— ）

第四批国家级非物质文化遗产项目苏绣代表性传承人。

江苏苏州人。高级工艺美术师，中国工艺美术大师。1962年毕业于苏州刺绣研究所、由李娥瑛老师任班主任的第一届刺绣专修班，后又师从顾文霞学习刺绣，跟随中国画猫大家曹克家学画猫。擅长运用细绣、双面绣、双面三异绣及细乱针绣的刺绣技法绣猫，因首创“细、乱针结合绣猫法”，被誉为“猫王”。运用细绣排针紧密、色彩和顺、丝缕转折自如、线条粗细结合的特点，使绣制的作品既有肉实感，又有毛丝柔顺，丝

图51　余福臻

图52　余福臻苏绣作品《白猫戏螳螂》

光洁净的感觉。1988年在细乱针结合法上运用虚实针法特点，研制了油画稿“黑底黑猫”、“白底白猫”作品参加首届北京国际博览会，获苏绣精品金奖。1991年双面绣“黑底红叶白猫”参加第二届北京国际博览会，获苏绣精品金奖。绣制的“白猫戏螳螂”、“沙发双猫”、“三猫”、“八猫”等均为国礼。

张玉英（1935— ）

第四批国家级非物质文化遗产项目苏绣代表性传承人。

江苏苏州人。高级工艺美术师，中国工艺美术大师。以苏绣的传统绣为基础，重点学习和发展乱针绣技

艺，主攻人物绣。1955年5月进入苏州工艺美术合作社（即苏州刺绣研究所），师从朱凤学习刺绣，学习苏绣的“传统绣”。1964年，师从李娥英和任慧娴，专注于人物、风景等“乱针绣”的学习与研究，作品有《萨马兰奇》《摩洛哥国王》《阿联酋酋长》。研究和运用不同的乱针法，使乱针绣法在虚实中求立体，细乱与极乱中显主题，粗细线条相互衬托。1997年绣制了大型刺绣《归程》，作为省政府庆祝香港回归的礼品，现陈列在香港博物馆。代表作品：静物《台上的牡丹花》、虚实乱针肖像绣《母子情深》、乱针肖像绣《圣母》、乱针绣《邓小平和英国伊丽莎白女皇》、虚实乱针肖像绣《达·芬奇》、风景《水乡》、风景《一帆风顺》。

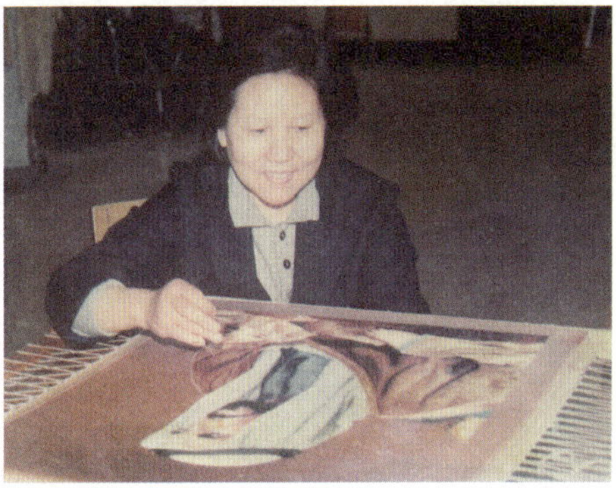

图53　张玉英

图54　张玉英苏绣作品《肖像》

蒋雪英（1933—）

第四批国家级非物质文化遗产项目苏绣代表性传承人。

江苏吴县人。高级工艺美术师，中国工艺美术大师。跟随堂姐蒋传根学刺绣，1956—1970年在苏州刺绣研究所师从李娥瑛和金静芬。自1973年起，主持并参与开发、研制出口日本的刺绣和服腰带。2003年成立“苏州蒋雪英刺绣有限责任公司”任董事长兼总经理。2006年成立“蒋雪英刺绣

图55　蒋雪英

图56　蒋雪英苏绣作品《竹林》

技能大师工作室”。研制苏州刺绣和服腰带在日本享有很高的声誉，作品在日本被誉为“蒋氏刺绣”。指导绣制的狮子留袖和服、真金线绣“仙鹤留袖”，被日本皇后和公主购买。《七鹤礼服》获大奖，被日本著名影星山口百惠选用结婚礼服。

姚惠芬（1967—）

第四批国家级非物质文化遗产项目苏绣代表性传承人。

江苏苏州人。高级工艺美术师。1977年开始学习刺绣，1988年起拜苏绣“仿真绣”创始人沈寿大师的第三代传人、苏州刺绣研究所高级工艺美术师牟志红为师。1995年，拜苏绣虚实乱针绣的创始人任慧娴为师进一步学习苏绣虚实乱针绣的理论与技法，系统掌握了苏绣仿真绣、乱针绣等几十种针法。1998年，在苏州高新区镇湖镇创办了琴芬绣庄。在虚实乱针绣及写意刺绣的创作中，逐渐形成了自己的艺术特色与风格，首创了“简针绣”技法。创作了《董建华肖像》《素描少女肖像》《葡萄少女》以及《写意牡丹系列》《写意花鸟系列》《写意水乡系列》等刺绣作品。代表

图57　姚惠芬

图58　姚惠芬苏绣作品《观音像》

作品有《花神》《张大千肖像》《泼彩荷花》《贵妃醉酒》《李白诗意》等。

张美芳（1946—）

第四批国家级非物质文化遗产项目苏绣代表性传承人。

江苏苏州人。高级工艺美术师，享受国务院授予的特殊津贴。1964年进入苏州刺绣研究所，师从任慧娴系统学习苏绣技法，研究传统的苏绣针法。后任苏州刺绣研究所副所长。20世纪90年代中期主持、领衔与五位刺绣技艺人员一起，历时多年，研制乱针绣，并编写《乱针绣针法汇编》，梳理并阐述“乱针绣”的历史由来及技艺特点，对认识“乱针绣”的历史价值有借鉴作用。对研究、传承刺绣技艺起到了示范作用。近年来创建苏绣艺术创新中心，并担任主任和艺术总监。2010年，被聘任为“中国艺术研究院工艺美术研究所”客座研究员。作品《金核子对撞科学图像》，在中国传统工艺美术精品大展获金奖。代表作品：《彩墨荷塘》《金色秋天》《荷花》《金核子对撞科学图像》、大型发绣《康熙南巡图》等。

图59　张美芳

图60　张美芳苏绣作品宋林椿《海棠图》

图61　湘绣作品《京巴狗》

3.湘绣

2006年，湘绣经国务院批准入选《第一批国家级非物质文化遗产名录》，申报地区为湖南省长沙市。

湘绣是以湖南长沙为中心的带有鲜明湘楚文化特色的湖南刺绣产品的总称，近百年来被世人普遍认为是中国四大名绣之一。湘绣主要以纯丝、硬缎、软缎、透明纱和各种颜色的丝线、绒线，通过丰富的色线和千变万化的针法绣制而成。传统湘绣的用线极有特点，丝线经过荚仁液蒸发处理后再裹竹纸拭擦，使丝绒光洁平整不易起毛，便于刺绣操作；织花线，每根线染色都有深浅变化，绣后出现自然晕染效果。画师杨应修1981年创作的《雄狮》获中国工艺美术品“百花奖”金杯奖，为湘绣行业代表作品。绣工李仪徽（1854—1928）完善了湘绣掺针和逐渐变易色级的绣法，奠定了现代湘绣的基本针法。余振辉（1913－1984）的作品以狮虎最多，她总结完善了鬅毛针，用“旋游”针法，使虎眼产生了一种旋动感。狮虎是湘绣的传统产品，久享盛誉。

刘爱云（1938—）

第一批国家级非物质文化遗产项

目湘绣代表性传承人。

湖南长沙人。高级工艺美术师，中国工艺美术大师。十几岁进入农村社办湘绣厂学习湘绣，很快就能熟练地绣制花卉、翎毛、山水。1958年，被选调至湖南省湘绣厂，在老一辈湘绣艺人的精心指导下，掌握了各种掺针、乱针、交叉绣技艺。1961年，被选派到湖南省工艺美术研究所刺绣研究室工作，任技术组组长，参与挖掘、收集、整理民间刺绣针法。1962年起，师从著名湘绣老艺人余振辉，熟练掌握了湘绣专门绣制动物走兽的针法"鬅毛针"法，还得到以画狮虎著名的杨应修、李青云画师的指导。不断总结创新，绣制了《饮水虎》《雄狮》《虎头》《白虎头》等一批具有重要影响的作品，并多次获奖。

图62　刘爱云

毛主席系列绣品和狮虎系列绣品以及双面全异绣法堪称湘绣界绝活。她总结出一套通俗易懂的刺绣狮虎的方法，带出多名专攻"鬅毛针"法的年轻绣工。退休后为湖南省湘绣研究所返聘担任技术指导和产品质检，并任针法研制组组长，进一步完善"鬅毛针"法体系。代表作品：《张家界》《岳阳楼》《毛主席和五十六个民族》《韶山红日》《黄永玉》《胡锦涛》等。

柳建新（1951—）

第四批国家级非物质文化遗产项目湘绣代表性传承人。

湖南长沙人。高级工艺美术师。1972年进入湖南省湘绣厂，1977年正式拜中国工艺美术大师周金秀为师，湘绣独创的"鬅毛针"第三代传人。从事湘绣艺术40余年，主攻人物、山水、花鸟、走兽刺绣，绣工精细、针法灵活、形象生动传神。多次应邀为国内外知名人士绣制肖像。擅长运用湘绣独创的"鬅毛针"法刺绣虎、狮、猫、狗等动物，针法活泼、质感强烈。1996年创办湘女绣庄和柳建新湘绣艺术工作室。作品多次获国际国内大奖：为纪念毛泽东主席诞辰一百周年绣制的双层立体《毛泽东》肖像被韶山陈列馆收藏陈列；巨幅绣屏《松龄鹤寿》被第四届世界妇女大会珍藏，现陈列于全国妇联大厅；湘绣长卷珍品《千鹤图卷》获第四届中国

图63 柳建新

图64 柳建新湘绣作品《银虎》

民间工艺品博览会金奖及第六届中国(深圳)国际文化产业博览会中国工艺美术文化创意奖金奖。

江再红（1968— ）

第四批国家级非物质文化遗产项目湘绣代表性传承人。

湖南长沙人。高级工艺美术师，中国工艺美术大师。出生于湘绣世家，8岁跟随母亲学习刺绣，1981年开始师从罗淑兰学习刺绣。1986年进入湖南省湘绣研究所从事刺绣，师从中国工艺美术大师刘爱云、周金秀，系统学习湘绣的各种针法，对湘绣特有的旋游针和盖针有独特的领悟。1991年创办再红湘绣天心区天心湘绣厂。2003年12月，为纪念毛泽东诞辰110周年，指导制作了《毛泽东一生

图65 江再红

图66 江再红湘绣作品《狮》

走过的路》，被韶山毛泽东纪念馆收藏。2006 年，单面绣《雄狮》获中国工艺美术品“百花奖”金杯奖。2007年，单面绣《狮啸雄风》被中国国家博物馆收藏。2008年，乱针绣《晨雾荷花》获中国工艺美术大师作品暨国际艺术精品博览会“天工艺苑百花杯金奖”。在传统工艺美术产业的保护、传承、发展方面有卓越的贡献。

图67　粤绣（潮绣）作品《瑞龙》

4.粤绣（广绣、潮绣）

2006年，粤绣（广绣、潮绣）经国务院批准入选《第一批国家级非物质文化遗产名录》，申报地区为广东省广州市、潮州市。

粤绣是流传于广州及其古属地南海、番禺、顺德等地的民间刺绣工艺，是广绣与潮绣的合称，为中国传统的四大名绣之一。广绣按刺绣材料分，主要有真丝绒绣、金银线绣、线绣和珠绣四类。真丝绒绣用蚕丝作为绣材，表现力强，是历史最悠久、技艺传承最完整的广绣品种。金银线绣的针法在刺绣业中独具特色、甚为丰富，有平绣、编绣、绕绣、凸绣、垫绣、贴花绣、织锦等7类60多种。潮绣针法则有垫、绣、拼、缀等100多种。潮绣最特别之处，是在明朝嘉靖年间开创的“凸绣”方法。凸绣是用棉絮、翎毛或纸屑等材料垫在绣面上，把绣面垫成凸面，再以金、银绒线精工刺绣，绣出来的制成品图案凸起，甚富立体感。粤绣以戏服、婚服为主，龙、凤、荔枝和孔雀都是其传统题材。粤绣还有一个独特的现象，就是绣工多为男工。粤绣从艺术风格到创作思维都充满了岭南特色。

陈少芳（1937—）

第一批国家级非物质文化遗产项目粤绣（广绣）代表性传承人。

广东番禺人。高级工艺美术师，中国工艺美术大师。获第一届世界民间艺术最高奖“金马奖”终身荣誉称号。1962年广州美术学院国画系毕业，师从关山月、黎雄才、杨之光，打下扎实的绘画功底。在吸取传统广绣优秀技艺的基础上，加入了众多现代绘画艺术元素，形成了现代广绣艺术的新风格。在其作品中保存了“钉金包针绣”、“二鳞企针”等传统针法及“水浸鱼，鱼浸水”的技艺。1985年编写了《广绣》一书作为培训教材。20世纪90年代成立广绣艺术研究所，退休后成立番禺广绣艺术研究

图68　陈少芳

图69　陈少芳广绣作品《晨曦》

所。1982年广绣作品《晨曦》获中国工艺美术品“百花奖”金杯奖；2004年广绣作品《岭南锦绣》获 “广东省首届民间工艺精品展”金奖。获第一届（亚太地区）民间艺术家最高奖“金飞鹰奖”终身成就荣誉称号。代表作品：《邓小平像》《董建华像》《安南像》《孔雀姑娘》《白鹭芭蕾》等。

林智成（1922—）

第一批国家级非物质文化遗产项目粤绣（潮绣）代表性传承人。

广东潮安人。出生于泰国华侨工人家庭，13岁进入潮州西马路“泰生绣庄”学习设计和绘图，当时的潮州西马路，绣庄如云，潮绣远销至东南亚一带，十分繁盛。20岁能独立设计各类产品。1957年曾在中央工艺美术学院学习。1974—1978年，创作设计的潮绣挂屏送往英国、埃及、日本和叙利亚等国展出。1982年设计的《九龙屏风》获中国工艺美术品”百花奖“金杯奖。在1979年召开的全国工艺美术艺人、创作设计人员代表大会上，被授予工艺美术家称号。设计的潮绣作品，具有图案优美、绣工精

图70　林智成

巧、明暗有度、质感突出、色彩调和、美观大方的特色。采用钉金、垫金、浮绣等针法，绣品具有富丽、浑厚的特色。整幅绣屏金碧辉煌，灿烂壮观，具有强烈的装饰效果，体现了潮绣的风格特色。配合潮剧出国演出，创作了15个剧目的剧装细图190件，这些戏曲服装，在演出时受到外国友人的好评。设计的潮剧蟒袍等，获全国剧装评比第三名。潜心整理的《潮绣针法大全》把潮绣250多种针法用明白易懂的文字记录了下来。代表作：《牧羊姑娘》《九龙图》《玉堂春色》《吹箫引凤》等。

图71　康惠芳

康惠芳（1948—）

第四批国家级非物质文化遗产项目粤绣（潮绣）代表性传承人。

广东潮州人。高级工艺美术师。先后在潮州市潮绣厂、潮州市刺绣研究所工作。钻研潮绣刺绣针法，擅长潮绣传统针法和技法的结合运用，承前启后，在原来潮绣技法的基础上创新出双面垫高刺绣技法，成功研究并绣制了立体双面垫高绣法。刺绣作品被外交部作为国家领导人出访馈赠礼品，同时作品多次获国家级、省级多种奖项，1982年参与绣制的《九龙屏风》获中国工艺美术品“百花奖”金杯奖；2006年双面绣《五福临门》获第三届全国“金凤凰”原创工艺美术精品展金奖；2006年双面绣《金龙鱼》获第二届国际（深圳）文博会金

图72　康惠芳潮绣作品《金色中华》

奖；2008年双面绣《龙腾盛世》获第四届国际（深圳）文博会特别金奖，并被国家美术馆收藏；2009年垫绣《梅兰菊竹》获中国文化遗产“锦绣中华”织绣精品大展金奖。

孙庆先（1950—）

第四批国家级非物质文化遗产项目粤绣（潮绣）代表性传承人。

高级工艺美术师。现任潮州市潮绣研究所所长。融汇各大名绣技法，创作了具有独特艺术风格的“金线双面立体垫绣”等潮绣作品，多次获国家级、省级、市级金奖。设计制作的《龙腾盛世》双面绣作品获2008年中国（深圳）国际文化产业博览会“特别金奖”。该作品除了保留传统刺绣题材和技法外，还吸收潮州木雕、戏曲、音乐等文化中“饱满”、“强烈”、“和谐”、“浮”、“通”的特点，并融汇各大绣种技法，瑞龙采用潮绣中传统的钉金绣垫凸技艺，龙头垫棉、垫纸丁，又用绒绣钉金线勾勒，突出了骨骼、鬃发；龙身铺垫棉絮高于画面数公分，采用潮绣独特的钉金二针企鳞技法。代表作：K金立体双面绣金龙鱼《好运来》、K金垫绣《腾龙》、K金垫绣《下山虎》、双面立体金绒垫绣《丹凤朝阳》等。

图73　孙庆先

图74　孙庆先潮绣作品《鼎盛中华》

5.蜀绣

2006年，蜀绣经国务院批准入选《第一批国家级非物质文化遗产名录》，申报地区为四川省成都市、重庆市渝中区（2008年　第一批扩展）。

蜀绣又称川绣，起源于四川盆地的川西平原，因为川西平原古称“蜀”，故川西的手工刺绣被称为“蜀绣”。春秋时蜀地把丝织品、麻织品运往泰国都城雍进行贸易，至两晋时，刺绣品已成为蜀地特产。蜀绣以本地的红、绿等色缎和丝线为原料，各种针法交错使用，施针严谨，用线工整稳重，设色典雅，既长于刺绣花、鸟、虫、鱼等细腻而生动的图像，又善于表现山水磅礴的气势。蜀绣图案主要以民间流行的题材为主，取意吉祥。人民大会堂四川厅的巨幅蜀绣《芙蓉鲤鱼》座屏和蜀绣《蜀宫乐女演乐图》挂屏、双面异色的《水草鲤鱼》座屏、《大小熊猫》座屏，都是蜀绣中的代表作。

图75　蜀绣作品《鲤鱼》

图76　蜀绣作品《荷塘》

郝淑萍（1945— ）

第一批国家级非物质文化遗产项目蜀绣代表性传承人。

1959年9月进入成都工艺美术技校蜀绣班学习，师从乔子平、彭永兴、肖福兴、毛成武、胡云生、张万清、黄炳成、刘绍云等，深得老师赏识并得真传。1984—2001年先后任成都蜀绣厂副厂长、厂长、研究所所长；2001年创建了郝淑萍蜀绣工艺美术大师工作室。双面绣《芙蓉鲤鱼图》陈列于北京人民大会堂四川厅，画面以鲤鱼配芙蓉，绣出的鱼儿神情怡然、栩栩如生，画面没有一丝水纹，但通过配景和鱼的动感，使人感到所绣之鱼宛在水中。独立绣制和合作绣制的作品获金奖5项、银奖5项。绣制的蜀绣艺术品被赠送外国元首及友人，作品被英国、美国、日本、加拿大、新加坡、法国、马来西亚等博物馆收藏。代表作：《芙蓉鱼》《蜀宫夜宴图》《舞者》、双面绣《竹林马鸡图》等。

图77　郝淑萍

图78　郝淑萍蜀绣作品《舞者》

图79　康宁

康宁（1955—）

第三批国家级非物质文化遗产项目蜀绣代表性传承人。

重庆市人。高级工艺美术师。1978年进入重庆挑花刺绣厂，师从蜀绣艺人王清云、工艺美术大师唐振明。充分利用空余时间学习绘图、图案设计、装裱，遍访名师，仔细揣摩，渐渐形成了自己的刺绣风格。擅长使用两根针同时进行刺绣，一次成型正反两面完全不同的异形绣图案。曾前往新加坡、马来西亚、德国、日本等国进行文化艺术交流活动。成立重庆市渝中区巴渝康宁刺绣坊。作品有一面是美女、另一面是骷髅的《谜》，2004年获“中国首届百绝群英会”金奖；《耽虎》一面为鹅黄色咆哮虎，一面为银色沉静虎，两面虎

图80　康宁在绣制蜀绣作品《耽虎》

图81　苗绣作品

的神态、视觉感受都截然不同。代表作：立体绣《幽女神思》、双面异形异彩绣《稚趣图》、双面异形异彩绣《谜》等。

6.苗绣

2006年，苗绣经国务院批准入选《第一批国家级非物质文化遗产名录》，申报地区为贵州省雷山县、贵阳市、剑河县。

苗绣是指苗族民间传承的刺绣技艺。苗绣通过苗族女性“母女相传”、“邻亲传授”世代传承，流传在贵州省雷山县、贵阳市、剑河县等地的苗绣有着不同的形式与风格。苗绣的图案在形制和造型方面大量运用各种变形和夸张手法，并大胆使用多维立体造型和型中型的复合手段及比喻、暗喻、借喻、象征等表达技巧，表现苗族创世神话和传说，从而形成苗绣独有的艺术风格和刺绣特色，体现出别具民族风格的审美情趣。由于苗族没有文字，苗绣成了本民族历史和传说的载体，在苗族的日常生活、节日庆典及择偶、婚丧、宗教等仪式中得到广泛的运用，有着很强的实用价值。

吴通英（1951—）

第四批国家级非物质文化遗产项目苗绣代表性传承人。

苗族。贵州省台江县施洞镇塘龙村人。绣艺是家传第15代，5岁开始学绣。务农之余，画花、纺纱、织布、织锦、染布、染线、绣花。12岁开始学织围腰，织锦带，织头帕。18岁学剪裁缝制衣服，熟练掌握了苗族传统服饰的各种针织绣技。1990—2005年创办“吴通英苗绣坊”。2005年在台江县施洞镇塘坝村开办“吴通英苗绣工作室”。2005年，被中国艺术研究院聘为中国艺术研究院民间艺术创作研究员。2008年《苗族盛装》被国家文物局评为首批“中华民族艺术珍品”；2008年蜡画《金凤凰组图》获第九届中国工艺美术大师作品暨国际艺术精品博览会大赛铜奖；2011年5月苗绣作品《螺蛳龙》获

图82　吴通英

图83　吴通英苗绣作品

2011年中国刺绣艺术精品展“中丝园杯”金奖。

7.水族马尾绣

2006年，水族马尾绣经国务院批准入选《第一批国家级非物质文化遗产名录》，申报地区为贵州省三都水族自治县。

贵州省三都县是全国唯一的水族自治县，水族马尾绣是水族妇女世代传承的以马尾作为主要原材料的一种特殊刺绣技艺。水族马尾绣的起源

图84　马尾绣作品

图85　绣制马尾绣作品

已不可考，主要产品形式有马尾绣背带和马尾绣花鞋等。水族马尾绣工艺有自己独特的制作技艺与方法。先取马尾3—4根做芯，用手工将白色丝线紧密地缠绕在马尾上，使之成为类似低音琴弦的预制绣花线。再将这种白丝马尾芯的绣线盘绣于传统刺绣或剪纸纹样的轮廓上。然后用7根彩色丝线编制成扁形彩线，填绣在盘绣花纹的轮廓中间部位。最后按照通常的平绣、挑花、乱针、跳针等刺绣工艺绣出其余部分。其他民族的刺绣技艺也用马尾为原材料，但只有水族才如此集中地将之用于背带（水语称为“歹结”）及翘尖绣花鞋（水语称为“者

结”）、女性的围腰和胸牌、童帽、荷包、刀鞘护套等。马尾绣品上缀有铜饰，铜饰形状做成钱币的样子，黄豆大小，以红线穿贴于马尾绣片里，铜被认为有驱邪避凶的功能。在传统节日里，男子们赛马，女子们身着马尾绣盛装参与节日活动，成为美丽动人的习俗。

宋水仙（1966—）

第四批国家级非物质文化遗产项目水族马尾绣代表性传承人。

水族。贵州省三都水族自治县三洞乡板闷村人。从小跟随母亲学习马尾绣制作技艺，出嫁后跟随婆婆及祖母学习马尾绣制作技艺。1991年，开始收藏古老的马尾绣精品，并一直持续至今，有近万件马尾绣藏品。2010年，在县城民族村开办了全县第一个家庭博物馆。2010年，参加上海世博会，现场展示马尾绣制作工艺。2011年，参加由中华人民共和国文化部主办、中国非物质文化遗产保护中心承办的2011年“文化遗产日”主题活动，在北京中华世纪坛展览馆展示水族马尾绣技艺。2011年，参加由省文化厅组织的贵州少数民族传统手工技艺展示团，赴台湾参加在台北举办的“2011文化民俗观光博览会”，在现场展示水族马尾绣。

图86　宋水仙

韦桃花（1964—）

第四批国家级非物质文化遗产项目水族马尾绣代表性传承人。

水族。贵州省三都水族自治县三洞乡板告村人。祖母和母亲是远近闻名的刺绣能手，从小跟随祖母和母亲学习马尾绣制作技艺，主要做的是背带和翘鞋。擅长马尾绣设计和制作，在传统的基础上，不断吸收其他民族的刺绣技术，博采众长，推陈出

图87　韦桃花

新，使自己的刺绣技艺得到了更大的提高，创作出了具有独特风格的马尾绣作品，供不应求，很多人上门订做子孙背带和翘鞋。2005年在三都县城开办水族工艺品商店，专营马尾绣制品，集制作、销售于一体。2006年获“贵州名匠”特等奖。2010年创立三都水族自治县桃花马尾绣艺术品制作有限公司。

8.土族盘绣

2006年，土族盘绣经国务院批准入选《第一批国家级非物质文化遗产名录》，申报地区为青海省互助土族自治县。

盘绣源于青海省东北部的互助土族自治县，是土族独有的一种绣法，复杂巧妙，汇集古老土族文化的深刻内涵。盘绣以母女相传为主，亦在姊妹、妯娌、婆媳间传承。盘绣用料考究，加工精细，以黑色纯棉布做底料，再选面料贴上，以丝线绣制。有红、黄、绿、蓝、桂红、紫、白等七色绣线，绣时一般七色俱全，配色协调，鲜艳夺目。盘绣的针法十分独特，操针时同时配两根色彩相同的线，一作盘线，一作缝线。盘绣不用绷架，绣者左手拿布料，右手拿针，直接用双手操作，作盘线的那根线挂在右胸，作缝线的那根线穿在针眼上。上针盘，下针缝，一针二线，虽费工费料，但成品厚实、华丽、耐用。图案主要有石榴、五瓣梅、太极

图88　土族盘绣作品

图89　绣制盘绣作品

图等，蕴涵着家庭兴旺、幸福长久等吉祥含义。

李发秀（1959—）

第一批国家级非物质文化遗产项目土族盘绣代表性传承人。

土族。青海省互助土族自治县丹麻镇松德村人。7、8岁时开始学习土族盘绣针法，14岁即学会土族刺绣的多种针法及基本构图，17岁亲手绣制完成了自己的嫁妆。曾在第四届世界妇女大会“中国传统工艺技术女能手操作表演”和北京奥运会期间的“中国故事”等大型活动中展示技艺。2009年，盘绣作品在“锦绣中华”中国织绣精品大展中获金奖。2010年被

图90 李发秀

图91 李发秀盘绣作品

授予青海省二级民间工艺师荣誉称号。多年来，李发秀利用农闲季节组织当地刺绣爱好者传授盘绣技艺，并且自1996—2004年多次在县里少数民族乡镇土族刺绣培训班授课，现已培养800多名盘绣人。

9.瓯绣

2008年，瓯绣经国务院批准入选《第二批国家级非物质文化遗产名录》，申报地区为浙江省温州市。

瓯绣，又称画帘，浙江温州的地方传统艺术，中国名绣之一，由中国传统刺绣发展而来。瓯绣始于1000多年前的唐代锦衣。兴盛于明清时期，当时多用于庙宇中。将毛竹刮去青皮，通过分层开片，煮熟抽丝，编织成竹帘，然后用颜料或彩线在上面制成花鸟、山水、人物等作品，所以也称作“画帘”。1853年，温州有专业绣铺几十间，绣工人数达到600—800

图92 瓯绣作品《蕉阴诗韵》

人。1922年，温州刺绣艺人林森改进瓯绣制作，此后瓯绣成为供欣赏的艺术品。1957年，名画家苏昧朔先生开始为瓯绣设计人物绣像。1960年，温州承接国家级礼品任务，专制精品，瓯绣成为高层次的艺术品。1979年，温州匝绣厂职工用彩色丝线100多种，针法20多种，绣成高1米、宽4米的巨幅绣品《红楼梦·十二金钗图》，造型生动，堪称瓯绣代表作。

图94　林媞瓯绣作品《锦羽迎春》

林媞（1959—）

浙江省非物质文化遗产项目瓯绣代表性传承人。

浙江温州人。1974年进入瓯绣厂，祖师为林玉笙，先后跟随张仲光和张国民学习刺绣技艺和刺绣设计。曾作为主要人员参与绣制瓯绣代表作品《红楼梦·十二金钗图》。1988年和1999年两次代表瓯绣参加世界博览会，做现场技艺表演，为中外文化交流做出积极贡献。2001年，作品《锦羽迎春》参展杭州西湖博览会，获“第二届中国工艺美术大师作品暨工艺美术精品博览会”金奖。2008年“中国北京传统工艺美术精品大展”中，参展作品《蕉阴诗韵》被中国美术馆收藏。2010年第二届中国浙江工艺美术精品博览会中，参展作品《鱼乐图》获金奖。

图93　林媞

10.汴绣

2008年，汴绣经国务院批准入选《第二批国家级非物质文化遗产名录》，申报地区为河南省开封市。

汴绣，诞生于北宋，故也称宋绣，被誉为中国五大名绣之一。汴绣针法细密，图案严谨，格调高雅，色彩秀丽。当时皇帝的龙袍，官员的朝服、乌纱帽、朝靴等皆为汴绣精品。1954年冬，开封成立了由7人组成的汴绣合作组（开封汴绣厂）。新老艺人在传统的以平针为主的技艺之上，又创新了散针、乱针、滚针、水纹蒙

图95　汴绣作品《满园春色》

图96　汴绣作品《母子一家亲》

针等几十种针法。1959年汴绣《清明上河图》精心绣成，并作为国庆十周年献礼，陈列在人民大会堂河南厅。如今的汴绣擅长绣制古代名画，在继承历史传统题材和工艺特点的基础上，借鉴了苏绣、湘绣等姊妹绣艺的长处，吸收河南民间刺绣的乡土风味，形成了汴绣绣工精致细腻、色彩古朴典雅、层次分明、形象逼真的特色。

王素花（1935—）

第三批国家级非物质文化遗产项目汴绣代表性传承人。

河南开封人。中国工艺美术大师。自幼跟随姥姥韩程氏、妈妈韩美英学习刺绣。1957年进开封市汴绣厂。1981年新作《清明上河图》被评为全省工艺美术“百花奖”、“优质产品奖”；1982年作品被轻工部评为中国工艺美术“百花奖”、“优质产品奖”；2002年获“伊利杯”全国工艺美术作品一等奖；2002年，作品《韩熙载夜宴图》《簪花仕女图》《八十七神仙卷》获河南省民间工艺美术博览会金

图97 王素花

图98 王素花汴绣作品唐韩幹《牧马图》

奖，巨幅绣品《洛神赋》入编《中国工艺美术大师精品集》；2005年，巨幅绣品《百鸟朝凤图》在“中原文化上海行——河南民间工艺美术珍品展览”上获金奖；2010年，绣品《一百单八将》获“全国第五届中国民间艺术品博览会”金奖。

11.汉绣

2008年，汉绣经国务院批准入选《第二批国家级非物质文化遗产名录》，申报地区为湖北省武汉市江汉区。

汉绣源于战国时期的楚地刺绣，历史悠久，曾与苏绣、湘绣等齐名。清代咸丰年间，汉口设有织绣局，集中各地绣工绣制官服和各种饰品。当时的汉绣产品主要分三类：一是作为用于闺阁陪嫁的生活用品，包括有绣衣、绣枕、门帘、帐沿、绣鞋、头巾、围裙、荷包等；二是装饰品，有壁挂、中堂、屏风、彩帐、堂彩、龙衣、狮皮、戏装、道具等；三是敬神赛会的礼仪用品，包括神袍、袈裟、彩幡等。当时湖北地区无论是生活用品、装饰品还是礼仪用品，汉绣制品随处可见。汉绣以一套独特的铺、平、织、间、压、缆、掺、盘、套、垫、锁、扣的针法别于其他绣种，主要表现形式为“平金夹绣”。绣品多从外围启绣，然后层层向内走针，进

图99 绣制汉绣作品

而铺满绣面。追求充实丰满、富丽堂皇的热闹气氛，绣品可以枝上生花，花上生叶，叶上还可出枝，充分体现了“花无正果，热闹为先”的美学思想。

任本荣（1935—）

湖北省非物质文化遗产项目汉绣代表性传承人。

湖北武汉人。汉绣任氏家族第四代传人，1947年拜绣花街老字号“胡源利”绣铺老板胡品阶为师，掌握汉绣的50种针法。2004年被湖北美术学院研究生院聘为研究生指导老师，2008年在武汉市非物质文化遗产保护中心的帮助下，成立了“汉绣工作室”，走访民间，搜集了大量清代汉绣残片，先后加工整理出2000多种汉绣样子，为传承汉绣技艺做出了卓有

图100　任本荣

图101　任本荣汉绣作品《伏虎尊者》

成效的工作。其汉绣艺术在戏剧、宗教和民俗三大领域富有成就，代表作包括汉剧艺术家陈伯华的多件戏衣、归元寺昌明法师的袈裟以及《八仙》挂屏等。为弘扬汉绣艺术、展示荆楚文化做出了贡献。

12.羌族刺绣

2008年，羌族刺绣经国务院批准入选《第二批国家级非物质文化遗产名录》，申报地区为四川省汶川县。

羌绣是在继承古羌人挑花刺绣的基础上演变发展而来的。主要分布在汶川县的两镇四乡（绵虒镇、威州镇、龙溪乡、克枯乡、雁门乡、草坡乡）。刺绣的针法除多采用挑花外，尚有纳花、纤花、链子扣和平绣等几种。羌族挑绣图案的题材，大都是反映现实生活中的自然景物，如植物中

图102　羌绣作品

图103　羌绣作品

的花草、瓜果，动物中的鹿、狮、兔、虫、鱼、飞禽以及人物等等。所挑绣的景物，无不秀丽精致，栩栩如生。挑绣图案的内容多含吉祥如意以及对幸福生活的憧憬和渴望。这些装饰性很强的花纹图案，无论是在羌族群众的腰带、衣裙、围腰、鞋带上，或是在妇女的头帕、袖口、衣襟甚至袜底上都随处可见。丰富多变的图案承载着远古羌人的精神文化生活。

汪国芳（1937—）

第三批国家级非物质文化遗产项目羌族刺绣代表性传承人。

四川省汶川县羌锋村人。自幼跟随母亲学习刺绣，12岁时已能飞针走线，绣出花鸟、山水、建筑等精美的羌绣制品。以羌民族独特元素为基调，熟练掌握构图、绘画、色彩搭配、针法等技能进行刺绣。掌握了羌族刺绣中常用的20多种针法。主要以羌族喜爱的云朵、花草、树木、飞禽走兽为题材进行制作。绣制的作品，无不秀丽精致，栩栩如生。色彩以黑白对比的居多，也有用少许色线挑的。多以几何形状为主，构图严谨，整齐匀称，装饰性强。绣制图案的内容多含吉祥如意以及对幸福生活的憧憬和渴望。代表作：《团花似锦》《鱼水和谐》《蛾蛾戏花》《凤穿牡丹》《喜鹊登枝》《瓜瓞绵绵》《群狮图》《石榴抱籽》《卐字符》等。

图104　汪国芳

图105　汪国芳羌绣作品

13.宁波金银彩绣

2011年，宁波金银彩绣经国务院批准入选《第三批国家级非物质文化遗产名录》，申报地区为浙江省宁波市鄞州区。

宁波金银彩绣，是在真丝质地的面料上用金线和银线，结合各色彩线绣制而成的民间手工艺品。作为独立的金银绣作品，今确切可见的实物见于唐。宁波金银彩绣表现的主题主要是民间喜闻乐见的龙、凤、麒麟、福禄寿等吉祥图案，还吸收了敦煌壁画中藻井及戏剧补子图案，结合宁波刺绣盘金、盘银的传统针法，创造了独具匠心的地方风格。金银彩绣的底料多选用桑蚕丝、粘胶长丝及其交织的绸缎，颜色上偏向于黑色、深红、深蓝、墨绿等深色系列。绣线用金银线、丝线等。金银线由纯金（银）制成金（银）箔，再切成0.2—0.5毫米的片金线，可直接用做绣线，或以丝线为芯线，将片金线旋绕于芯线的外层而成。著名学者赵朴初题赞为：“斟古酌今，裁云剪月；奇花异草，妙笔神针。”

许谨伦（1948—）

第一批国家级非物质文化遗产项目宁波金银彩绣代表性传承人。

浙江宁波人。金银彩绣第六代传人。1962年开始从事金银彩绣设计与制作、金银彩绣日用品及艺术欣赏品的开发研制工作。1985年任宁波绣品厂新产品开发组组长，同年10月赴北京参加全国工艺美术专业设计人员

图106　宁波金银彩绣作品《百鸟和鸣》

图107　宁波金银彩绣作品《海棠仿古龙》

进修班学习一年。1986年10月开始从事新产品开发研制及技术质量管理等工作。1989年作为主设计人，设计并制作了大型金银彩绣《百鹤朝阳》立屏，该作品于1990年获第八届中国工艺美术品“百花奖”金杯（珍品）奖，并入选参加第五届全国工艺美术展览，被轻工部征集为国家级珍品，现收藏于中国工艺美术馆精品馆。金银彩绣《四季花香》入选第五届全国工艺美术展览，获第九届中国工艺美术品“百花奖”优秀新产品一等奖。代表作：《鹦鹉红叶》《松鼠葡萄》《江山如此多娇》《八达岭》《迎客松》等。

图108　许谨伦

四 印染

1.蓝印花布印染技艺

2006年，蓝印花布印染技艺经国务院批准入选《第一批国家级非物质文化遗产名录》，申报地区为江苏省南通市，湖南省凤凰县、邵阳县。

蓝印花布是传统的镂空版白浆防染印花，又称靛蓝花布，俗称“药斑布”、“浇花布”，距今已有1300年历史。中国传统的印染技艺有所谓的“四缬”之说——夹缬、蜡缬、绞缬、灰缬。灰缬即今天所说的蓝印花布。使用的是一种防染印花方法，染

图109　蓝印花布

图110　制作蓝印花布雕版

料是从蓼蓝草中提取的。防染用的豆粉、石灰混合成的糊状物俗称“灰药”，此糊状物是通过型版而漏印到坯布上，形成花纹。待布匹浸染晾干后，去掉“灰药”的部分是白色花纹，其他就是染上去的颜色。现在的蓝印花布一般可分为蓝底白花和白底蓝花两种形式。蓝底白花布只需用一块花版印花，构成纹样的斑点互不连接，例如：梅、兰、竹、菊。白底蓝花布的制作方法，常用两块花版套印，印第一遍的叫“花版”，印第二遍的 叫“盖版”。盖版的作用是把花版的连接点和需留白地之处遮盖起来，更清楚地衬托出蓝色花纹。

吴元新（1960—）

第一批国家级非物质文化遗产项目蓝印花布印染技艺代表性传承人。江苏启东人。中国工艺美术大师，享受国务院政府特殊津贴。苏州大学艺术学院硕士生导师。现任南通大学蓝印花布艺术研究所所长。1976年开始从事蓝印花布的制作与研究，1996年创办全国第一家集收藏、展示、研究、传承为一体的南通蓝印花布博物馆。2004年作品《蓝印花布系列》被中国文联、中国民间文艺家协会评选为第五届中国民间文艺“山

图111　吴元新

图112　吴元新蓝印花布作品

花奖”。获中国民间文艺“山花奖个人成就奖”，设计的作品被中国国家博物馆、中国美术馆等收藏。2008年11月作品《百子状元图》获“中国传统工艺美术精品大展”银奖。2011年6月被中宣部、人力资源和社会保障部、中国文联联合授予“第三届全国中青年德艺双馨文艺工作者”荣誉称号。出版《中国蓝印花布纹样大全》、国家重点图书《中国传统民间印染技艺》等专著。2012年6月，获“中华非物质文化遗产薪传奖”。

图113　王振兴

图114　王振兴蓝印花布作品

王振兴（1939—）

第四批国家级非物质文化遗产项目蓝印花布印染技艺代表性传承人。

江苏南通人。二甲镇是江苏的“中国蓝印花布之乡”。蓝印花布制作明朝中叶进入鼎盛时期。清道光年间，曹氏开设“曹裕兴”染坊。民国年间，二甲镇及附近一带染坊近20余家。1954年，染坊合并，成立了二甲印染厂。1959年，王振兴进入二甲印染厂。1982年，王振兴起草了《江苏省南通市蓝印花布企业技术标准》，南通市质量技术监督局沿用至今。1990年，王振兴从二甲印染厂退休。1995年，带领三个儿子和媳妇创办了家庭作坊——“建烽蓝印工艺品厂”即“正兴染坊”。在这里，传统的“小青缸”土靛印染技艺得到了传承和发展，制作传统的白底蓝花、蓝底白花、复色蓝印花布、双面蓝印花布和扎染等，面料有纯棉和丝、麻等天然织物。

刘大炮（刘贡鑫）（1940—）

第三批国家级非物质文化遗产项目蓝印花布印染技艺代表性传承人。

湖南凤凰人。祖上五代都是县城里有名的染布匠。12岁进染坊，师从其父刘元成学习蓝印花布制作。收集、整理民间精美图案，在蜡版上精心制作雕版，印染出精美的作品，得到艺术界和消费者的青睐。通过多年的摸索和探讨，在单面画的蓝花布印染的基础上，创造了双面蓝花布印染。1999年，赴意大利佛罗伦萨进行手工艺表演，作品远销日本、东南亚和西欧等各国，影响深远。主要做被面、门帘、桌布、窗帘、生活用品及服饰用品、美术作品等。湖南美术出版社出版了《刘大炮苗族印染工艺》专集，《中国美术工艺年鉴·湖南卷》介绍了他和他的作品。代表作：《凤戏牡丹》《狮子绣球》《鹤鹿同春》《吉庆升平》《四福争春》等。

图115 刘大炮（刘贡鑫）

图116 刘大炮（刘贡鑫）蓝印花布作品

2.蜡染技艺

2006年，蜡染技艺经国务院批准入选《第一批国家级非物质文化遗产名录》，申报地区为贵州省丹寨县、安顺市、黄平县，四川省珙县。

蜡染，古称蜡缬，是一种古老的手工防染工艺，与绞缬（扎染）、夹缬并列为中国古代染缬工艺的三种基本类型。绘制蜡染的织品一般用棉，麻、丝、毛等织物。防染剂主要是黄蜡（即蜂蜡），有时也掺和白蜡使用。所用的染料是由一种蓼科植物

图117 画蜡

图118 蜡染作品

蓝草经发酵而成的蓝靛。绘制蜡花的工具是一种自制的铜刀。把白布平贴在木板或桌面上点蜡花。画好的蜡片放在蓝靛染缸里，一般每一件需浸泡五、六天。第一次浸泡后取出晾干，便得浅蓝色。再放入浸泡数次，便得深蓝色。如果需要在同一织物上出现深浅两色的图案，便在第一次浸泡后，在浅蓝色上再点绘蜡花浸染，染成以后即现出深浅两种花纹。当蜡片放进染缸浸染时，有些“蜡封”因折叠而损裂，于是便产生天然的裂纹，一般称为“冰纹”，具有自然别致的风味。

图119　王阿勇

图120　王阿勇蜡染作品

王阿勇（1944—）

第四批国家级非物质文化遗产项目蜡染技艺代表性传承人。

苗族。贵州省丹寨县排调镇远景村人。苗族的习俗，所有的女性都有义务传承蜡染技艺，每位母亲都必须教会自己的女儿制作蜡染。所以苗族女性自幼便要学习这一技艺，她们自己纺纱织布、浸染剪裁，代代传承。王阿勇从小就跟老人和姐姐学蜡画。作画不用尺，不打底，大胆运笔，一气呵成。画的花、鸟、鱼、虫，形象逼真，形态活泼。画的传统图案线条分明。1983年5月，随中国科协组织的中国古代传统技艺展览代表团，赴美国芝加哥表演蜡染技艺，把丹寨苗族蜡染技艺带出国门，走向了世界，被誉为“东方第一染”。

3.扎染技艺

2006年，扎染技艺经国务院批准入选《第一批国家级非物质文化遗产名录》，申报地区为云南省大理市、四川省自贡市。

扎染古称绞缬，是染色时把织物部分结扎起来使之不能着色的一种染色方法，属防染工艺，也是中国传统的手工染色技术之一。扎染有着悠久历史。据记载，中国早在东晋，扎结防染的绞缬绸已经有大批生产。当时

图121 扎染作品

图122 染制扎染作品

绞缬产品，有较简单的小蔟花样，如蝴蝶、腊梅、海棠等，也有整幅图案花样，如白色小圆点的“鱼子缬”，圆点稍大的“玛瑙缬”，紫底白花斑酷似梅花鹿的“鹿胎缬”等。传统的扎染，染料是艾蒿、板蓝根等植物。主要有扎花、浸染两道工序，技术关键是绞扎手法和染色技艺。染缸、染棒、晒架、石碾等是扎染的主要工具。扎染中各种捆扎技法的使用与多种染色技术结合，染成的图案纹样多变，具有令人惊叹的艺术魅力。

张仕绅（1941— ）

第一批国家级非物质文化遗产项目扎染技艺代表性传承人。

白族。云南省大理白族自治州大理市喜洲镇周城村人。出身扎染世家，幼年跟随家人开始学习扎染技艺。20世纪初周城村多数人都懂得扎染制作。那时分工详细，从织布、制作布坯、染色都有分工，甚至染料也有专人制作。苍山上的溪水流下来，家家户户便在门前支起大木桶的染缸，用活水漂洗经板蓝根染过的布料。茶余饭后，垄间休息，市集里外，女孩子拿着画好的布扎制，是一种生活习惯。张仕绅通过20多年的不断摸索，依靠祖传的扎染制作工艺、扎染方式和发酵液“母滴”，创新发

图123 张仕绅

图124 张仕绅扎染作品

展了白族传统的扎法、花色品种，针法上从原有的5种扎染技法，如折叠法、平缝法、缠绕等，发展到现在的挑扎、勾扎、组合扎等26种，花型从原来的捏花、小蝴蝶、毛毛虫3种发展到“福禄寿喜”、“花鸟鱼虫”等多种图案系列。

图125　香云纱

4.香云纱染整技艺

2008年，香云纱染整技艺经国务院批准入选《第二批国家级非物质文化遗产名录》，申报地区为广东省佛山市顺德区。

图126　晒莨

香云纱俗称莨绸、云纱(黑色的也称黑胶绸)。是一种用薯莨的汁水对桑蚕丝织物涂层，再用含矿物质的河涌塘泥覆盖，经过太阳暴晒加工而成的纱绸制品。香云纱的发展得益于顺德上千年的种桑养蚕历史。早在明永乐年间，顺德就开始出现晒莨业，香云纱已作为珍品出口海外，至今已有600多年的历史。1915年，佛山首创的纽眼通花纱绸，使香云纱的面料更加精美。1922—1926年，全顺德有晒莨工场500多家，工人一万多人，日产香云纱4000多米，远销南洋一带。2006年7月，香云纱作为国礼，赠送给来到广州访问的瑞典国王和王后。做香云纱必须有两种原料：顺德、南海、三水、番禺等地才有的“过河泥”和珠三角地区的植物薯莨。以薯莨茎块的液汁为染料，将坯绸进行多次浸染、晒晾，再用含有氧化铁成分的泥土涂于织物表面，这也成就了香云纱独一无二的地域特色。

梁珠（1935—）

第三批国家级非物质文化遗产项目香云纱染整技艺代表性传承人。

广东佛山人。1958年，顺德伦教镇成立了一家联合公司，里面包括糖

图127　梁珠

图128　枫香印染作品

厂、纺织厂和晒莨厂。以前的一些懂技术的老师傅也被请回晒莨厂，开始香云纱的加工。梁珠15岁开始在伦教联合晒莨厂做学徒工，晒香云纱。16岁即掌握了香云纱制作的生产流程及全套染整技艺。1979年，开始担任顺德伦教新民晒莨厂的厂长。1980年筹建新民晒莨厂，1994年成立成艺晒莨厂。一直致力于发展香云纱产业，不仅坚持使用传统的坯绸、坯纱，采用传统的染整技艺，还积极尝试用印花丝绸和棉麻制品等现代面料做坯料，用水洗、磨砂等现代工艺进行香云纱制作的后期处理，使传统的香云纱染整技艺既得到传承，又有新的发展。

5.枫香印染技艺

2008年，枫香印染技艺经国务院批准入选《第二批国家级非物质文化遗产名录》，申报地区为贵州省惠水县、麻江县。

枫香印染制作技艺是布依族的古老防染手工技艺。用枫香树脂和水牛油混合，制成特殊的防染液，用毛笔在自织的土布上描绘花、鸟、龙、凤等图案后，放入植物染料蓝靛缸中浸染，取出阴干后，在滚水中除掉防染液枫油，便会露出蓝底白花或白底蓝花的图案。布依族、苗族喜爱的枫香染制品，有衣裙、背扇、挎包、被面、门帘、帐檐等。当地结婚嫁女，以枫香染被面数量的多少，来表达对女儿的喜爱程度。目前懂得枫香染技艺的仅剩下12个老人，他们当中最年轻的已经50余岁，年龄最大的近80岁。在12个枫香染艺人中，仅有杨光汉、杨光成兄弟掌握了最核心的技术。

杨光成（1953— ）

第一批国家级非物质文化遗产项目枫香印染技艺代表性传承人。

布依族。贵州省惠水县雅水镇播潭村小岩脚组人。从事枫香染工艺的人中，技艺较高、绘工较好的莫过于布依老艺人杨通清。他曾以精湛的绘工扬名于本县和附近县乡，其枫香印染工艺品很受人欢迎。杨通清15岁随父学艺，自幼喜好文学艺术，写得一笔好字，画得一手好画。几十年来，他在继承先辈技艺的基础上，刻苦钻研又不断有新的发展变化。他可以根据不同民族的需求，绘出苗族喜爱的牵牛花、大瓶花、大钵花、大盘花，绘出布依族喜爱的“双凤朝阳”、“鲤鱼窜珠”、歪桃、石榴、月亮花等图案。其子杨光成从小学习枫香印染制作工艺，枫香印染作品形式多样，图案造型精美，运笔线条流畅，装饰风格独到，同时致力于枫香印染技艺的传承工作。

6.新疆维吾尔族艾德莱斯绸织染技艺

2008年，新疆维吾尔族艾德莱斯绸织染技艺经国务院批准入选《第二批国家级非物质文化遗产名录》，申报地区为新疆维吾尔自治区洛浦县。

艾德莱斯绸是新疆极富民族特色的一种绸缎，带有独特花纹。艾德莱斯是维吾尔文，意思是扎染的丝织品。维吾尔人养蚕、缫丝、编织历史悠久，艾德莱斯绸主要用当地丰富的桑蚕资源。艾德莱斯的最大特点为印染工艺采用古老的扎经染色法，即在经纱上扎结染色，先按图案要求，于经纱上加以布局、配色、扎结，然后分层染色、整经、织绸。用于染色的染料大多提取自天然材料如石榴花、核桃皮等。艾德莱斯绸基本为四大类型，按色彩分为黑艾特莱斯、红艾特莱斯、黄艾特莱斯，另外还有多色调艾特莱斯。艾德莱斯绸图案富于变化，样式很多，有花卉、枝叶、巴旦

图129　杨光成

图130　艾德莱斯绸

图131　艾德莱斯绸染制

图132　制作艾德莱斯绸

杏、苹果、梨、木梳、流苏、耳坠、宝石等。艾德莱斯绸色泽十分艳丽，与沙漠边缘单调的环境色彩形成强烈对比，突出了维吾尔族人民对现实和未来生活的热爱和追求。艾德莱斯绸裙是维吾尔族妇女在重大节日和盛典中的首选服饰。

如则巴柯·麦提图尔荪（1989—）

新疆维吾尔自治区级非物质文化遗产项目新疆维吾尔族艾德莱斯绸织染技艺代表性传承人。

维吾尔族，新疆维吾尔自治区洛浦县布亚乡塔什克尔克恰尔巴格村人。洛浦县布亚乡是古丝绸之路的必经之地，过去，家家户户都会织染艾德莱斯绸，有艾德莱斯绸之乡的美誉。艾德莱斯绸质地柔软，轻盈飘逸，尤其适于夏装。布亚乡至今仍保留着古代植物扎染技术和木制自造织绸机器。艾德莱斯绸织染技艺极其复杂，编织劳动强度大，所有工序全部由男匠人手工操作完成。如则巴柯·麦提图尔荪家中世代从事艾德莱斯绸制作，他自幼跟随父亲学习艾德莱斯绸织染技艺。他精通抽丝、并丝、卷线、图案设计、扎染、分线、上机、织绸等全套生产工艺。他制作的艾德莱斯绸轻若行云、薄如蝉翼、色泽绚丽。他设计的每一种图案，都具有强烈的和田地域特色和维吾尔民族特色。

7.蓝夹缬技艺

2010年，蓝夹缬技艺经国务院批准入选《第三批国家级非物质文化遗产名录》，申报地区为浙江省温州市。

夹缬技艺，为中国传统印染“四缬”技艺之一。唐代印花染色的方法，用两片木板雕刻同样的花纹，以绢布对折，夹入二板，然后在雕空处染色，成为对称花纹，其印花所成的锦、绢等丝织物叫夹缬。夹缬曾是唐代流行的印染工艺，敦煌莫高窟彩塑菩萨所穿着的便是夹缬彩装，英国大英博物馆、日本正仓院等也有少量实

图133　蓝夹缬作品

图134　蓝夹缬作品

物。当时彩色印染的夹缬，织物质地为丝。元代，棉纺织物开始普及，彩色夹缬在棉织物上的印染逐渐向单色发展。浙南地区以蓝草汁为染料，在丝或棉织品上染制出图案花样的，称为“蓝夹缬”。蓝夹缬是以靛青为染料，用两片纹样对称的木板夹住丝或棉料染制出各种图案的织品，民间大多用蓝夹缬制作被套，是婚嫁的必备之物。

王河生（1955—）

浙江省非物质文化遗产项目蓝夹缬技艺代表性传承人。

浙江温州人。出身蓝夹缬印染世家。第一代王文察从泰顺迁至瑞安从事靛青炼制及夹缬印染，曾祖父王光齐在清光绪年间，在温州百里坊开了一间经营靛青染料的发庄。发庄后来由王河生父亲接手，一直经营到新中国成立后。父亲创办马屿染色工艺厂。1973年，王河生进厂学习蓝夹缬制作技艺，成为王氏蓝夹缬印染的第十代传人。为了传承蓝夹缬技艺，王河生成立合作社，发展靛青种植、炼制及蓝靛青印花布工艺制作；制作夹缬必不可少的雕版，花重金请茶山一位师傅雕刻；还请来印染师傅胡义

图135　王河生

早；在从陕西买来老土布，让曾经遍布瑞安街巷的蓝夹缬印染继续传承下来。2008年筹建蓝夹缬博物馆，2010年正式对外开放。

五 其他

1.制扇技艺

2006年，制扇技艺经国务院批准入选《第一批国家级非物质文化遗产名录》，申报地区为江苏省苏州市。

苏州制扇包括折扇、檀香扇和绢宫扇三大类，统称为“苏州雅扇”。南宋时苏州便有人自制折扇，到明宣德年间设作坊生产，并出现名牌产品，如著名的乌竹骨泥金扇。清顺治时期，苏扇成为皇家贡品，制扇业开始兴盛。苏扇的折扇扇骨制作以变化丰富和精工细致闻名，折扇以纸或绢为扇面，有“素面”和“画面”两种。绢宫扇古名“纨扇”，又名“团扇”。苏州绢宫扇纤丽秀雅，其绢面或书画、或刺绣，别出心裁。其扇柄或雕镂、或彩绘，各尽其巧；其质料或素竹、或湘妃竹、或象牙、或玳瑁，雅而不俗。绢宫扇主要有圆形、六角形、长方形、腰圆形等形状，扇面往往绘以山水、花鸟、人物，并题有名人诗句，古色古香，极具观赏性。

图136　苏扇

徐义林（1933—）

第一批国家级非物质文化遗产项目制扇技艺代表性传承人。

江苏扬州人。15岁拜师胡汉东学习制扇。1954年，由十多个私人制扇作坊合并成立苏州扇厂，徐义林进入苏州扇厂成为一名制扇技师，继续用心钻研技艺。在制扇技艺中，竹折扇的制作可以说是最讲究的。制作中，要将上好的竹材经煮、晒、劈、成形、烘烤等一系列70多道程序。经过多年勤学和领悟，技艺日趋成熟。20世纪80年代中期，设计的“孔雀牌”水磨竹扇骨获得了省轻工产品奖，扇厂就把“孔雀牌”定为厂里的注册商标。还研制出10多把两米长的巨型折

图137　徐义林

扇，在当时创下了全国制扇之最。根据传统折扇中的圆头、燕尾方、方根等3种基本形状以及相关记载，演化出了数十种乃至上百种形状各异、多姿的扇骨。

2.北京绢花

2008年，北京绢花经国务院批准入选《第二批国家级非物质文化遗产名录》，申报地区为北京市崇文区。

北京绢花是以丝、绸、缎等为原料，经凿、染、握、攒等多道工序制作而成的具有北京地方特色的传统美术表现形式。元明清以来，北京是全国制作绢花的中心，到了清代，绢花更为盛行，清宫内府御用工场所设的各种作坊就有“花儿作”，专司承造各色绫、绸、绢、纸、通草等供宴会、饰戴用的花。北京崇文门外的花市大街，就是因生产和销售“京花儿”而得名，在花市众多的“花作”中出现了几位做花儿的能工巧匠，如“花儿刘”、“花儿金”、“花儿高”、“花儿龚”等。其中影响最大的是“花儿金”。有什么样的鲜花，就有什么样的“京花儿”。刘亨元制作的“花儿刘”绢花，曾在巴拿马万国博览会上获奖。绢花的制作过程是：选料、上浆、染色、窝瓣、烘干、定型、粘花、组枝等工序。1956年成立北京市绢花厂。

图138 北京绢花

金铁铃（1959— ）

第三批国家级非物质文化遗产项目北京绢花代表性传承人。

北京市人。金玉林老艺人第四子，“花儿金”第五代传人。第一代传人叫金桂，以后传给金文广，第三代传人是金保顺，第四代是金玉林。金玉林在“花儿”制作上刻苦钻研，在“盆花”制作上独树一帜，有两手绝活：一个是在花朵上加露珠，据说是用水银做的，非常逼真；还有就是染活，一般染毛线，一缸和另一缸之间颜色总会有差距，“花儿金”就能做到多少缸染出来颜色全一样。

图139　金铁铃

图140　上党堆锦作品

图141　上党堆锦作品

新中国成立后，金玉林被评为第一批“老艺人”。1978年金铁铃进入绢花厂，制作的绢花1982年获得了全国工艺美术百花奖。担任北京绢花厂技术创新组组长，以后其设计的作品多次在全国工艺展中获奖。1995年，金铁铃到美国进行艺术交流，被联合国教科文组织授予“中国民间工艺美术家”称号。

3.上党堆锦

2008年，上党堆锦经国务院批准入选《第二批国家级非物质文化遗产名录》，申报地区为山西省长治市群众艺术馆。

上党堆锦，俗称长治堆花，是一种以丝绸为面料的工艺画及其制作工艺的统称，是盛行于山西长治及其周边地区的一种传统工艺。这种工艺不仅可以堆制花卉，还擅长堆制人物、动物、景物。6—10世纪（隋唐时期），潞绸已闻名北方，这为上党堆锦的制作和销售创造了重要的条件。1915年，长治市炉坊巷的堆锦艺人李模的一套《春夏秋冬》堆锦四条屏获得巴拿马万国博览会银奖。上党堆锦艺人还为冯玉祥、吴佩孚、阎锡山等人制作过堆锦肖像，为外国传教士堆制过教皇、耶稣像。上党堆锦以丝绸织物为主要面料，草板纸、棉花为骨架，经剪裁、贴飞边、压纸捻、絮棉花、拨硬折、捏软褶、渲染描绘等十余道工序制成。

弓春香（1943—）

山西省非物质文化遗产项目上党堆锦代表性传承人

山西长治人。1965年师从李时

忠学习堆锦制作。1995年《湘云醉卧芍药荫》获山西首届民间艺术一绝展“金奖”，入选中国民间艺术一绝大展，文化部授予“中国一绝”称号；1996年堆锦画获国家专利证书，成立了以堆锦画为龙头专业的普通中

图142　弓春香

图143　弓春香堆锦作品《湘云醉卧芍药荫》

专——黄河工艺美术学校。代表作：《穆桂英挂帅》《木兰从军》《梁红玉擂鼓》《八仙过海》《嫦娥奔月》《关公夜读》《狮子滚绣球》《二龙戏珠》《麒麟送子》《贵妃醉酒》《西施浣纱》《貂蝉拜月》《牛郎织女》《天女散花》《秋翁遇仙记》《昭君出塞》；1977年创作《琴棋书画》《菊花》《海棠诗社》《荷塘月色》《和合二仙》《八仙醉酒》等。

4.西湖绸伞

2008年，西湖绸伞经国务院批准入选《第二批国家级非物质文化遗产名录》，申报地区为浙江省杭州市。

西湖绸伞于1932年，由都锦生的工人竹振斐创制成功，1935年前后开办“振纪竹氏”绸伞作坊。1958年，建立了杭州风景绸伞厂。之后，杭州市工艺美术研究所设立了绸伞研究室。西湖绸伞的圆形伞面是采用特制的伞面绸作的，薄如蝉翼、织造细密、透风耐晒、色彩瑰丽；伞骨采用江南独特的淡竹制成，这种竹篾质细洁，色泽玉润，烈日曝晒也不会弯曲；经过选竹、擦竹、劈长骨、编挑、整形、劈青篾、铣槽、劈短骨、钻孔、缝角、绷面、上架、剪绷边、穿花线、刷花、折伞、贴青、装杆、包头、装头、装柄、打钉口等繁缛的手工工艺流程，制成的伞重量只有半斤左右。收拢时，彩色的绸面不外露，伞骨恰好还原成一段淡雅的圆

图144　西湖绸伞

图145　制作西湖绸伞

竹，结节宛然，撑开时，伞面五光十色，美不胜收。1990年获中国工艺美术百花奖一等奖，2001年获世界华人专利技术博览会金奖，2003年获杭州市优秀旅游商品金奖。

宋志明（1957—）

第三批国家级非物质文化遗产项目西湖绸伞代表性传承人。

图146　宋志明

浙江杭州人。1977年，宋志明进入杭州工艺美术研究所，当时研究所有绸伞室、石雕室、刺绣室、灯彩室，西湖绸伞主要创始人之一——竹振斐先生主持绸伞室工作，宋志明师从竹振斐学做绸伞。绸伞的质量好坏，第一关决定在号竹，每年的6、7月份，要在茫茫竹海中，去选择生长期三年以上，节头均匀，无阴阳面的淡竹，做上标志，霜降过后再砍竹。伞骨检验也是一门难学的技能，验伞骨杆主要是三个方面：一是伞骨长叉是否整齐，不能有长短；二是长叉的竹篾是否均匀，不能有厚薄；三是长叉开槽是否均匀，不能有高低。竹振斐夫妇把号竹、验竹等18道工序，全传授给宋志明，宋志明全面掌握了西湖绸伞技艺，成为竹振斐的关门弟子，并一直坚持制作绸伞，不断改进

图147　宋志明西湖绸伞作品

创新。1990年获中国工艺美术品“百花奖”一等奖希望杯。2005年“手绘新西湖全景图西湖绸伞”参加杭州西湖博览会第六届中国工艺美术大师作品暨工艺美术精品博览会，获2005年“百花杯”中国工艺美术精品奖优秀作品奖。

5.中式服装制作技艺

2008年，中式服装制作技艺经国务院批准入选《第二批国家级非物质文化遗产名录》，申报地区为上海市静安区、浙江省杭州市。

中式服装以高档织锦缎和丝绸为面料，裁剪缝制出旗袍、长衫马褂、男女中式套装、丝棉袄等系列产品，是中国服饰文化的代表。精选高档织锦缎或丝绸面料，通过手工镂、雕、绣形成的图案，以及寓意吉祥的盘扣，体现了中国传统文化的特色。1936年，龙凤旗袍的创始人朱林清创办了“朱顺兴”中式服装店。新中国成立后，“朱顺兴”以及“范永兴”、“钱立昌”、“阎凤记”和“美昌”合并，成立“上海龙凤中式服装店”。1932年，诸暨人翁泰校在杭州开设“振兴祥成衣铺”，主要制品有旗袍、长衫、马褂、男女套装、功夫服、背心、丝棉袄及童装等。2008年，为北京奥运会设计制作了“青花瓷”和“粉色”两个系列颇具中华民族特色的颁奖礼服。

图148　中式服装

徐永良（1965—）

第四批国家级非物质文化遗产项目中式服装制作技艺（龙凤旗袍手工制作技艺）代表性传承人。

上海市人。14岁开始跟随父亲学习旗袍制作，1985年正式进上海龙凤中式服装店，从练习缝“一寸成九针，九针成九珠”直线开始，潜心学习，融会贯通、博采众长，完整地继承了龙凤旗袍的八大工艺，成为龙凤旗袍的第三代传承人。全面掌握了苏广成衣铺的精华，以精湛的技术把“镶、嵌、滚、宕、盘、绣”旗袍制作工艺巧妙地运用到当今的旗袍服饰中。掌握了龙凤旗袍花扣的制作，梅兰竹菊系列、福禄寿喜系列、龙凤系列，又研制出近300个品种的花扣，把一个旗袍的配件发展成为工艺美术作品。设计裁剪上则融合西方元素，

图149
旗袍的花扣

图150　徐永良

图151　徐永良制作的旗袍

精确把握时尚潮流，恪守着老上海旗袍技师精益求精的作风，同时也催生了一代旗袍服饰潮流。

包文其（1951—）

第四批国家级非物质文化遗产项目中式服装制作技艺（振兴祥中式服装制作技艺）代表性传承人。

浙江东阳人。师承童金感，是振兴祥第六代传人。1977—1984年中期，在杭州天水丝织厂，熟练掌握了丝绸和服装的各道生产工序。后到杭州市丝绸控股集团公司，刻苦钻研并经常向老师傅请教，熟练掌握了服装生产的各道工序及技术关键。1995年以后一直在杭州利民中式服装厂，接任厂长后，带领职工积极探索中式服装时装化的新路。传统的旗袍款式主要为大襟和对襟， 利民中式服装厂推出的新款式，既保留了花扣、镶嵌和中式领，又有西装的洒脱简洁，受到市场的普遍欢迎。1992年受中央电视台的委托，为在香港举办的“中国旗袍表演展”，特制了86套表演展示用的旗袍，及配套的头饰、手饰、道具，获得广泛好评。

图152　包文其

2006年第一批国家级非物质文化遗产名录与蚕丝织绣相关的项目

Ⅱ—34 古琴艺术

Ⅱ—40 江南丝竹

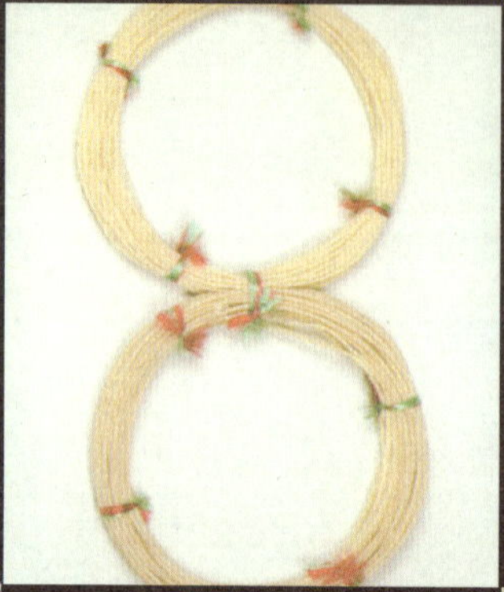

Ⅱ—47 宜昌丝竹

Ⅶ—14 藏族唐卡

Ⅶ—17 顾绣

Ⅶ—18 苏绣

Ⅶ—19 湘绣

Ⅶ—20 粤绣

Ⅶ—21 蜀绣

Ⅶ—22 苗绣

Ⅶ—23 水族马尾绣

Ⅶ—24 土族盘绣

Ⅶ—25 挑花

Ⅶ—26 香包

Ⅶ—50 灯彩

Ⅷ—13 南京云锦木机妆花手工织造技艺

Ⅷ—14 宋锦织造技艺

Ⅷ—15 苏州缂丝织造技艺

Ⅷ—16 蜀锦织造技艺

Ⅷ—18
土家族织锦技艺

Ⅷ—20
壮族织锦技艺

Ⅷ—21
藏族邦典、卡垫织造技艺

Ⅷ—22
加牙藏族织毯技艺

Ⅷ—23
花毡、印花布织染技艺

Ⅷ—24
蓝印花布印染技艺

Ⅷ—25
蜡染技艺

Ⅷ—26
扎染技艺

Ⅷ—81
制扇技艺

Ⅷ—82
剧装戏具制作技艺

Ⅷ—88 风筝制作技艺

Ⅹ—63 苏州甪直水乡妇女服饰

Ⅹ—64 惠安女服饰

Ⅹ—65 苗族服饰

Ⅹ—66 回族服饰

Ⅹ—67 瑶族服饰

除了前文中介绍的与蚕丝织绣相关的桑蚕习俗、织造、刺绣、印染、其他等各项目外。以丝绸或者丝线为材料，人们发挥自己的想象和艺术创造力，创造出各种艺术品和生活用品。各地的绣品，如彝族（撒尼）刺绣、维吾尔族刺绣、满族刺绣、蒙古族刺绣、柯尔克孜族刺绣、哈萨克毡绣和布绣、瑶族刺绣、侗族刺绣 、锡伯族刺绣、挑花、民间绣活、湟中堆绣等。富有地方特色的服饰，如苏州甪直水乡妇女服饰、惠安女服饰、苗族服饰、回族服饰、瑶族服饰、蒙古族服饰、朝鲜族服饰、珞巴族服饰、藏族服饰、土族服饰、维吾尔族服饰、哈萨克族服饰等。各地的织造产品，他们也用到丝线或者曾经用过丝线。土家族织锦技艺、藏族邦典、卡垫织造技艺、加牙藏族织毯技艺、花毡、印花布织染技艺、鲁锦织造技艺、侗锦织造技艺、苗族织锦技艺等。丝是生活里美丽的花朵，盛开在节日里，也盛开在日常生活里。

2008年第二批国家级
非物质文化遗产名录
与蚕丝织绣相关的项目

Ⅶ-70 北京绢花

Ⅶ-71 堆锦（上党堆锦）

Ⅶ-72 湟中堆绣

Ⅶ-73 瓯绣

Ⅶ-74 汴绣

Ⅶ-75 汉绣

Ⅶ-76 羌族刺绣

Ⅶ-77 民间绣活

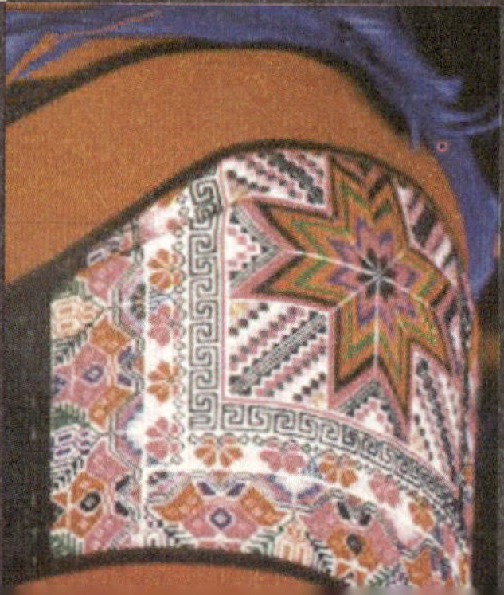

Ⅶ-78 彝族（撒尼）刺绣

Ⅶ-79 维吾尔族刺绣

Ⅶ-80 满族刺绣

Ⅶ-81 蒙古族刺绣

Ⅶ-82 柯尔克孜族刺绣

Ⅶ-83 哈萨克毡绣和布绣

Ⅷ-99 蚕丝织造技艺

Ⅷ-103 鲁锦织造技艺

Ⅷ-104 侗锦织造技艺

Ⅷ-105 苗族织锦技艺

Ⅷ-106 傣族织锦技艺

Ⅷ-107
香云纱染整技艺

Ⅷ-108
枫香印染技艺

Ⅷ-109
新疆维吾尔族艾德莱斯绸织染技艺

Ⅷ-110
地毯织造技艺

Ⅷ-115
手工制鞋技艺

Ⅷ-136
装裱修复技艺

Ⅷ-140
伞制作技艺

Ⅹ-95
蚕桑习俗

Ⅹ-108
蒙古族服饰

Ⅹ-109
朝鲜族服饰

X-112 珞巴族服饰

X-113 藏族服饰

X-115 土族服饰

X-117 维吾尔族服饰

X-118 哈萨克族服饰

蚕丝还可以做成乐器上的弦，琴、瑟、筝、阮是古老的丝弦乐器。弹古琴的人结社，叫“丝社”，定期或不定期聚会，“动操鸣弦”、“共志丝桐之雅”。古琴艺术、江南丝竹、宜昌丝竹，它们的乐器，曾经大多是用丝弦的，现在古琴依然用丝作弦。我们现在依然可以听见丝发出的乐音。

还有一些特别的丝绸制品，剧装戏具制作技艺是为戏剧演出制作行头而诞生的，如此华美，像美丽的梦；藏族唐卡是为礼佛而做的，或织或绣或画，都精美绝伦；风筝制作技艺也会用到丝绸，飞到天上的也是丝绸；手工制鞋技艺制作的鞋履，在我们足尖的，也是丝绸。锦缎织绣的香包，是腰间的风雅，绢纱制作的灯彩，是节日里的风情；在书画里，丝绸的身影也是若隐若现，装裱修复技艺、古书画临摹复制技艺也要用蚕丝织造的绫和绢。

2010年第三批国家级非物质文化遗产名录与蚕丝织绣相关的项目

Ⅵ-68 高杆船技

Ⅶ-104 宁波金银彩绣

Ⅶ-105 瑶族刺绣

Ⅶ-107 侗族刺绣

Ⅶ-108 锡伯族刺绣

Ⅷ-192 蓝夹缬技艺

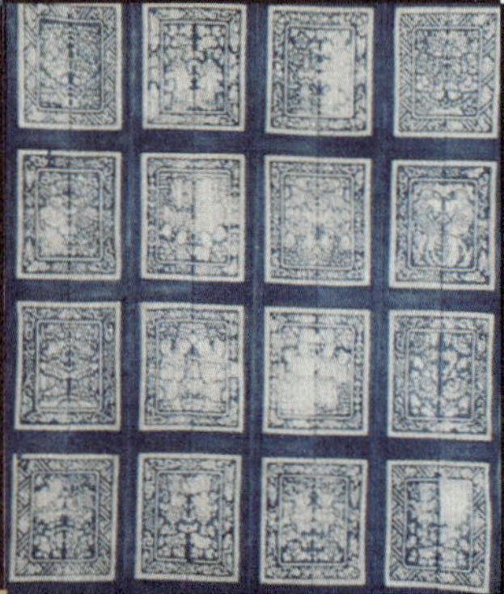

Ⅷ-193 中式服装制作技艺

Ⅷ-202 古书画临摹复制技艺

第六章
话语丝绸

丝绸是中华民族的伟大发明，在人类文明史上书写了光辉的篇章。经过千百年的发展，丝绸已经不仅仅是一种生活用品，更作为一种思想和理念，融入生活的方方面面。蚕丝很“细”，人们在“缫”丝的时候，很容易打“结”和“缠”死。“绢”“织”好后，把它们剪下来就是“绝”，经过漂白，然后染成“红”、“绿”、“缃”等各种颜色。尽管有些字在现代汉语中的意义已和它们刚出现时的本义相去甚远，但是我们依然可以透过它们的偏旁部首或它们组成的常用词语寻到它们与丝绸的渊源，更可以看出丝绸自古以来对人们生活的巨大影响。

糸

《说文·糸部》：“糸，细丝也。象束丝之形。”本义为细蚕丝。

念mì的时候本义为细蚕丝。引申指微小。用作量词，指丝的二分之一。念sī的时候，通“丝”，指蚕丝。如今不单用，只作偏旁。是《说文》部首，至今仍设“糸”部。凡从糸取义的字皆与蚕丝有关。

蚕

《说文·蚰部》：“蠶，任丝也。”本义为蚕蛾科和大蚕蛾科昆虫幼虫的统称，通常指家蚕。也用作动词，指养蚕，蚕吐的丝是重要的纺织原料。

茧

《说文·糸部》：“繭，蚕衣也。”本义为蚕茧，蚕变蛹前吐丝结成的囊状保护物，为缫丝的原料。现在常说的“磨出老茧”，则是茧字的引申义，指人的手足因劳动而磨起的硬皮，就像蚕化成蛹后裹在外面的茧一样。

丝

《说文·絲部》：“絲，蚕所吐也。”“丝”字像是一绺纺好的丝，也像是茧和细丝线。本义为蚕丝，蚕所吐的像细线的东西。古时用丝做琴弦，故又引申为“八音之一”的弦乐器。

金石丝竹，乐之器也。谓弦也。——《礼记·乐记》

宴酣之乐，非丝非竹。——（宋）欧阳修《醉翁亭记》

组

《说文·糸部》：“組，绶属。其小者，以为冕缨。”本义为成绺的丝线，或丝织的宽带，也指佩玉、佩印或系冠用的丝带。因此用作动词为：系结、编织，引申为：把分散的人或事物结合成为一个整体。

织

《说文·糸部》：“織，作布帛之总名也。”是制作布帛丝品的工艺总称，即将经纱和纬纱交叉穿过制成布帛。念zhì的时候特指用染丝织成的丝织品。念zhī的时候指的是经纱和纬纱交叉穿过制作布帛，可以引申泛指编织，又引申为“搜罗、搜集”。

由此可知，“组织”一词的本义是经纬相交，织作布帛。

缂

《说文·糸部》：“緙，紩也。织纬也。”本义为织纬，其成品即缂丝。缂丝是中国特有的一种丝织工艺品。

币

《说文·巾部》：“币，帛也。”本义是作为礼物送人的丝织品，后来引申为礼物，又由礼物引申为一切价值比较高的财物，这才有了今天我们所说的“货币”的“币”字。

缅

《说文·糸部》：“緬，微丝也。”本义为细丝。

弦

《说文·弦部》：“弦，弓弦也。”本义为弓弦，也指乐器上的丝弦。后引申为琴瑟一类的弦乐器。

幺

《说文·幺部》：“幺，小也。象子初生之形。”本义当为一小把细丝。又由本义的细丝，引申泛指细小。也可以指幼小、排行最末的。中国西南方言里所说的“幺妹儿”，也就是指小妹妹或家里排行最末的女孩子。

绘

《说文·糸部》：“繪，会五彩绣也。”本义为五彩的刺绣。作画杂用五色，故引申指画。

缕

《说文·糸部》：“縷，线也。”本义为丝线、麻线。

绪

《说文·糸部》：“緒，丝耑（端）也。”本义为丝头。引申为开端、头绪。

紧

《说文·臤部》：“緊，缠丝急也。”本义为将丝弦绷直、拉直。这样一来，我们能看出紧张、握紧、紧靠这些词是由哪里来的了。

综

《说文·糸部》：“綜，机缕也。”念zèng的时候，本义为织布机上带动经线上下分开成梭口以受纬线的一种装置。念zōng的时候，引申指织布时经线与纬线交织。故又引申为总和、聚合之义，为综合、综述。

索

《说文·𣎵部》：“索，草有茎

叶可作绳索。”本义为搓绳索，即把几股丝或麻，经搓捻合成绳子。

绦

《说文·糸部》：“縧，扁绪也。”本义为用丝线编成的扁形带子。

碧玉妆成一树高，万条垂下绿丝绦。——（唐）贺知章《咏柳》

绮

《说文·糸部》：“綺，文缯也。”本义为平纹底提花的丝织品。后引申泛指华丽、美好和精美，比如：绮年玉貌、绮丽。

统

《说文·糸部》：“統，纪也。”本义为丝的头绪。引申为事物一脉相承的关系。

现在我们终于可以明白“血统”这个词是怎么来的了。

统

细

《说文·糸部》：“細，微也。”本义为丝细，即丝的横截面面积很小。

细若蚊足，钩画了了，其色墨。——（明）魏学洢《核舟记》

绍

《说文·糸部》：“紹，继也。”本义为接续断丝，后引申为接续、接引。

中国的传统婚礼，新娘蒙着红盖头，需要新郎牵引她。在拜天地父母前，新郎和新娘还不算一家人，所以两个人还不能牵手，只能用一条帛带相连，新郎借助帛带引导新娘完成婚礼仪式。这条帛带叫“绍”。

紬

《说文·糸部》：“紬，大丝缯也。”本义为粗绸，又表示抽引出丝绪的头，泛指抽出、引出。

素

《说文·糸部》：“素，白致缯也。”本义为本色未染的生绢。由此我们就不难理解“素食”、“素颜”这些词中素字的意思是如何演化来的了。

绵

《说文·糸部》："綿，联微也。"本义为丝绵，即用蚕丝加工成的细密的絮状物。精曰绵，粗为絮。

纩

《说文·糸部》："纊，絮也。"本义为新丝绵。后泛指丝绵。丝绵异常轻暖，可以用来做棉衣和蚕丝被。

絮

《说文·糸部》："絮，敝绵也。"本义为粗丝绵。古无木棉，凡称絮，都指丝绵。

纥

《说文·糸部》："紇，丝下也。"本义为质量差的下等丝。又念gē，义为丝易缠结。"纥繨"同"疙瘩"，表小球状、块状物。

经

《说文·糸部》："經，织也。"本义为经线，即织机上的纵的丝线。由于蚕丝很长，因此在中国传统纺织里，经线是重要的基础。一些妇女在纺织的时候，把经线缠绕在自己腰上，这种织机被称为腰机，现在中国还有一些少数民族使用腰机纺织。

纬

《说文·糸部》："緯，织横丝也。"本义为纬线，即织机上的横的丝线。纬线是起花用的，借助纬线织出织物的特征。

经纬交错就织出来织物了。

纳

《说文·糸部》："納，丝湿纳纳也。"用作"纳纳"，本义为丝吸水而湿的样子。故指收藏，接收。

纴

《说文·糸部》："紝，机缕也。"本义为织布帛的丝缕。

纹

《玉篇·糸部》："紋，绫纹也。"本义为丝织品上的图案。后泛指物体上的花纹，和人皮肤上的纹路。

继

《说文·糸部》："繼，续也。"本义为接续，延续。

续

《说文·糸部》："續，连也。"本义为丝相连接。

这就解释了为什么我们形容接连不断等状态，用“继续”了。

绝

《说文·糸部》：“絶，断丝也。”本义为截断丝。

络

《说文·糸部》：“絡，絮也。”本义为粗的丝绵。也可泛指缠绕的意思，后又指连接成网状的东西。

络绎

绎

《说文·糸部》：“繹，抽丝也。”本义为将乱丝抽出。引申指探求、分析，后又引申指连续不断。

络绎不绝用来形容前后相接，往来不断。

缜

《玉篇·糸部》：“縝，丝纑缕也。”念zhēn的时候，本义为丝缕。念zhěn的时候，引申指周密、仔细，常作“缜密”。

纪

《说文·糸部》：“紀，丝别也。”本义为编结捆绑丝缕的绳。纪律是由约束丝缕之意引申而来。

纪

缡

《说文·糸部》：“縭，以丝介履也。”本义为用丝装饰鞋。

线

《说文·糸部》：“綫，缕也。”本义为线缕，用丝、棉、麻等制成的细长的东西。

慈母手中线，游子身上衣。——（唐）孟郊《游子吟》

线

缣

《说文·糸部》：“縑，并丝缯也。”本义为双丝织成的细绢。古多用作赏赐酬谢之物，也用作货币和纸张。

级

《说文·糸部》："級，丝次弟（第）也。"本义为丝的优劣等次。

缦

《说文·糸部》："缦，缯无文也。"本义为没有花纹的丝织品。

缫

《说文·糸部》："繅，绎茧为丝也。"本义为把蚕茧浸在沸水里抽出丝。

纠

《说文·糸部》："糾，绳三合也。"本义为三合绳。后引申指缠结、纠缠。丝如此细，如果丝缠绕在一起，肯定非常难解。大家常说一个词：纠结。今天穿哪件衣服要纠结，去朋友家做客带什么礼物要纠结，上大学选哪个专业更要纠结。当然，比纠结更让人头疼的，就是纠缠了。一团乱丝啊！

缬

《集韵·屑韵》："纈，谓系缯染为纹也。"本义为古代的一种印染方法。

缯

《说文·糸部》："繒，帛也。"本义为古代丝织品的总称。

纯

《说文·糸部》："純，丝也。"本义为生蚕丝。后引申为同一颜色的丝织品，逐渐引申为不含杂质、单一。

故君子之容，纯乎其若钟山之玉，楛乎其若陵上之木。——（战国）吕不韦《吕氏春秋·士容论第六》

缴

《说文·糸部》："繳，生丝缕也。"念zhuó的时候，本义为生丝线，也指系在箭上的生丝线。念jiǎo

的时候，是指鸟雀被系着丝线的箭射中落地后，人们循着箭上的丝线找到并回收的过程，也就演化成后来的“收缴”之义。

专

《说文·寸部》：“專，六寸簿也。”本义为转动纺砖（纺锤）。从本义用作名词指纺砖。用作动词，泛指转动。物体旋转则围绕一个圆心，故引申为专一，单纯。又引申指独自享有或掌握。

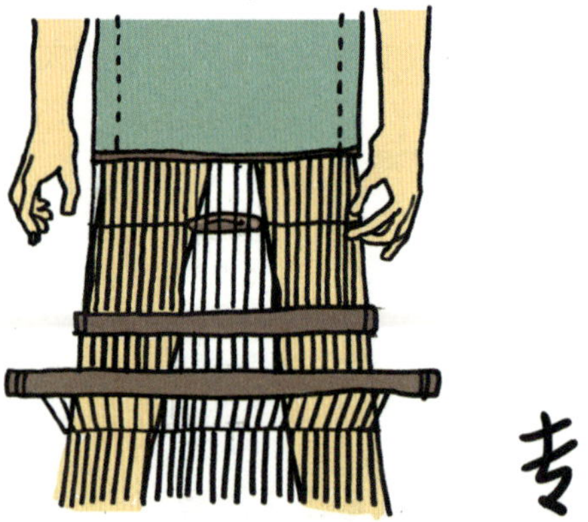

帛

《说文·帛部》：“帛，缯也。”本义为未染的白色丝织品。

萦

《说文·糸部》：“萦，收卷也。”本义为把线缠绕成团，也兼表丝缠绕之意。

纵

《说文·糸部》：“縱，缓也。”本义为织布时松开杼任随其退回去。

白日放歌须纵酒，青春作伴好还

乡。——（唐）杜甫《闻官军收河南河北》

练

《说文·糸部》：“練，湅缯也。”本义为加工生丝或丝织品，即把生丝或丝织品煮得柔软洁白。

纨

《说文·糸部》：“紈，素也。”本义为白色细绢。

绔

《说文·糸部》：“絝，胫衣

也。”本义为无裆的套裤。

在后来的演变中，“纨”与“绔”两字皆指细绢做的裤子，在古时能穿的上细绢的，必是富家子弟，纨绔子弟便指有钱有势人家那些成天吃喝玩乐、不务正业的公子哥儿。

终

《说文·糸部》：“終，球丝也。”本义为纺线结束后将线头打结。终，表示一切的结束。

总

《说文·糸部》：“總，聚束也。”本义为把头发聚合一起，用丝帛条扎束起来。小时候，妈妈总给我梳小辫，有一种小辫儿叫总角。总为聚束，角为小髻，为收发结之。即儿童的发髻向上分开的样子，俗称小丫角。就是两个小辫儿跟牛犄角一样，翘在头上的那种小辫儿，现在很多小孩儿也梳，是很多小女孩儿的最爱。

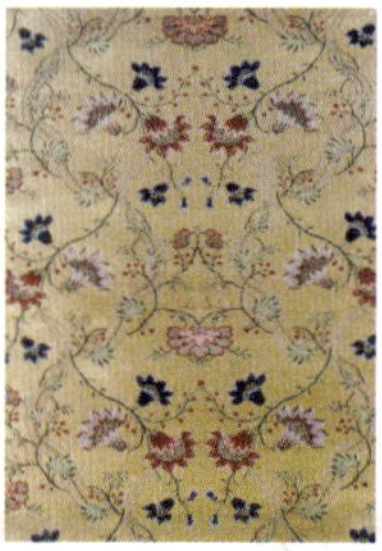

第七章
诗中丝绸

丝绸是中国古代最为重要的物质产品之一，古人也在诗词歌赋中给了丝绸重要的篇幅。从《诗经》开始，栽桑、养蚕、缫丝、织造、印染、刺绣等，都在诗词歌赋里呈现着丝绸的优雅与华美。

诗经·魏风·十亩之间

十亩之间兮，桑者闲闲兮。行与子还兮。
十亩之外兮，桑者泄泄兮。行与子逝兮。

诗经·小雅·隰桑

隰桑有阿，其叶有难。既见君子，其乐如何。
隰桑有阿，其叶有沃。既见君子，云何不乐。
隰桑有阿，其叶有幽。既见君子，德音孔胶。
心乎爱矣，遐不谓矣？中心藏之，何日忘之！

（战国）荀况《荀子·蚕赋》

有物于此，儳儳兮其状，屡化如神。功被天下，为万世文。礼乐以成，贵贱以分。养老长幼，待之而后存。名号不美，与暴为邻。功立而身废，事成而家败。弃其耆老，收其后世。人属所利，飞鸟所害。臣愚而不识，请占之五泰。五泰占之曰：此夫身女好而头马首者与？屡化而不寿者与？善壮而拙老者与？有父母而无牝牡者与？冬伏而夏游，食桑而吐丝，前乱而后治，夏生而恶暑，喜湿而恶雨。蛹以为母，蛾以为父。三俯三起，事乃大已。夫是之谓蚕理。

古诗五首·上山采蘼芜

上山采蘼芜，下山逢故夫。
长跪问故夫，新人复何如？
新人虽言好，未若故人姝。
颜色类相似，手爪不相如。
新人从门入，故人从阁去。
新人工织缣，故人工织素。
织缣日一匹，织素五丈余。
将缣来比素，新人不如故。

古诗十九首·迢迢牵牛星

迢迢牵牛星，皎皎河汉女。
纤纤擢素手，札札弄机杼。
终日不成章，泣涕零如雨。
河汉清且浅，相去复几许？
盈盈一水间，脉脉不得语。

（唐）李白《子夜吴歌·春歌》

秦地罗敷女，采桑绿水边。
素手青条上，红妆白日鲜。
蚕饥妾欲去，五马莫留连。

（唐）李白《白田马上闻莺》

黄鹂啄紫椹，五月鸣桑枝。
我行不记日，误作阳春时。
蚕老客未归，白田已缫丝。
驱马又前去，扪心空自悲。

（唐）王建《织锦曲》

大女身为织锦户，名在县家供进簿。
长头起样呈作官，闻道官家中苦难。
回花侧叶与人别，唯恐秋天丝线干。
红缕葳蕤紫茸软，蝶飞参差花宛转。
一梭声尽重一梭，玉腕不停罗袖卷。
窗中夜久睡髻偏，横钗欲堕垂著肩。
合衣卧时参没后，停灯起在鸡鸣前。
一匹千金亦不卖，限日未成宫里怪。
锦江水涸贡转多，宫中尽著单丝罗。
莫言山积无尽日，百尺高楼一曲歌。

（唐）王建《雨过山村》

雨里鸡鸣一两家，竹溪村路板桥斜。
妇姑相唤浴蚕去，闲看中庭栀子花。

（唐）罗隐《绣》

一片丝罗轻似水，洞房西室女工劳。
花随玉指添春色，鸟逐金针长羽毛。
蜀绵谩夸声自贵，越绫虚说价功高。
可中用作鸳鸯被，红叶枝枝不碍刀。

（唐）刘禹锡《酬乐天衫酒见寄》

酒法众传吴米好，舞衣偏尚越罗轻。
动摇浮蚁香浓甚，装束轻鸿意态生。
阅曲定知能自适，举杯应叹不同倾。
终朝相忆终年别，对景临风无限情。

（唐）元稹《织妇词》

织夫何太忙，蚕经三卧行欲老。
蚕神女圣早成丝，今年丝税抽征早。
早征非是官人恶．去岁官家事戎索。
征人战苦束刀疮，主将勋高换罗幕。
缫丝织帛犹努力，变缉撩机苦难织。
东家头白双女儿，为解挑纹嫁不得。
檐前袅袅游丝上，上有蜘蛛巧来往。
羡他虫豸解缘天，能向虚空织罗网。

（唐）白居易《红线毯》

红线毯，择茧缫丝清水煮，
拣丝练线红蓝染。
染为红线红于蓝，织作披香殿上毯。
披香殿广十丈余，红线织成可殿铺。
彩丝茸茸香拂拂，线软花虚不胜物。
美人踏上歌舞来，罗袜绣鞋随步没。
太原毯涩毳缕硬，蜀都褥薄锦花冷，
不如此毯温且柔，年年十月来宣州。
宣城太守加样织，自谓为臣能竭力。
百夫同担进宫中，线厚丝多卷不得。
宣州太守知不知，一丈毯，千两丝。
地不知寒人要暖，少夺人衣作地衣。

（唐）唐彦谦《采桑女》

春风吹蚕细如蚁，桑芽才努青鸦嘴。
侵晨采桑谁家女，手挽长条泪如雨。
去岁初眠当此时，今岁春寒叶放迟。
愁听门外催里胥，官家二月收新丝。

（唐）白居易《缭绫》

缭绫缭绫何所似？不似罗绡与纨绮。
应似天台山上月明前，
四十五尺瀑布泉。
中有文章又奇绝，地铺白烟花簇雪。
织者何人衣者谁？越溪寒女汉宫姬。
去年中使宣口敕，天上取样人间织。
织为云外秋雁行，染作江南春水色。
广裁衫袖长制裙，金斗熨波刀剪纹。
异彩奇文相隐映，转侧看花花不定。
昭阳舞人恩正深，春衣一对直千金。
汗沾粉污不再着，曳土踏泥无惜心。
缭绫织成费功绩，莫比寻常缯与帛。
丝细缲多女手疼，扎扎千声不盈尺。
昭阳殿里歌舞人，若见织时应也惜。

（唐）王维《渭川田家》

斜阳照墟落，穷巷牛羊归。
野老念牧童，倚杖候荆扉。
雉雊麦苗秀，蚕眠桑叶稀。
田夫荷锄至，相见语依依。
即此羡闲逸，怅然吟式微。

（唐）韦庄《姬人养蚕》

昔年爱笑蚕家妇，今日辛勤自养蚕。
仍道不愁罗与绮，女郎初解织桑篮。

（宋）苏轼《五禽言五首》其四

力作力作，蚕丝一百箔。
垄上麦头昂，林间桑子落。
愿侬一箔千两丝，缫丝得蛹饲尔雏。

（宋）陆游《春晚即事》

桑麻夹道蔽行人，桃李随风旋作尘。
煜煜红灯迎妇担，冬冬画鼓祭蚕神。

（宋）陆游《村舍杂书》

中春农在野，蚕事亦随作。
手种临安青，可饲蚕百箔。
累累茧满簇，绎绎丝上箧。
老子虽安眠，衣帛可无怍。

（宋）范成大《晚春田园杂兴》

三旬蚕忌闭门中，邻曲都无步往踪。
犹是晓晴风露下，采桑时节暂相逢。

（宋）楼琋《织图二十四首·窖茧》

盘中水晶咸，井上梧桐叶。
陶器固封泥，窖茧过旬浃。
门前春水生，布谷催畚锸。
明朝蹋缫车，车轮缠白氎。

（宋）楼琋《织图二十四首·攀花》

时态尚新巧，女工慕精勤。
心手暗相应，照眼花纷纭。
殷勤挑锦字，曲折读回文。
更将无限思，织作雁背云。

（宋）楼琋《织图二十四首·喂蚕》

蚕儿初饭时，桑叶如钱许。
扳条摘鹅黄，藉纸观蚁聚。
屋头草木长，窗下儿女语。
日长人颇闲，针线随织补。

（宋）赵孟坚《采桑曲》

桑椹紫来蚕务急，带晓采桑桑叶湿。
屋头绿暗勃姑啼，柱碍朝朝汗流出。
人家蚕老妇勤苦，银钏忙催隔窗雾。
方花古砖衮香絮，院静帘垂明燕语，
沉炷销来烟半缕。

（宋）梅尧臣《新茧》

露柘林初静，烟梯不复收。
春蚕吐丝足，工女忌寒休。
翠薄时方献，清泉绪未抽。
闺中能自巧，绣作玉钗头。

（宋）梅尧臣《和孙端叟蚕具十五首·蚕女》

自从蚕蚁生，日日忧蚕冷。
草室常自温，云髻未暇整。
但采原上桑，不顾门前杏。
辛苦得丝多，输官官莫省。

（宋）梅尧臣《和孙端叟蚕具十五首·蚕簇》

冰蚕三眠休，作茧当具簇。
汉北取蓬蒿，江南藉茅竹。
蒿疏无郁浥，竹净亦森束。
竞畏风雨寒，露置未如屋。

（宋）梅尧臣《和孙端叟蚕具十五首·缲盎》

朝渍一盎茧，缲就几绚丝。
丝成茧已尽，盎亦谁复持。
道上有堕甑，车傍有鸱夷。
二物且莫笑，顾藉各因时。

（宋）梅尧臣《和孙端叟蚕具十五首·纺车》

蚕月必纺绩，丝车方挑掷。
灯下络纬鸣，林端河汉白。
纤缕自有绪，虚轮运无迹。
腕手已为劳，谁经用刀尺。

（元）柯九思《宫词》

观莲太液泛兰桡，翡翠鸳鸯戏碧苕。
说与小娃牢记取，御衫绣作满池娇。

（元）唐棣《上复齐郎中》

吴蚕缫出丝如银，蓬头垢面忘苦辛。
苕溪矮桑丝更好，岁岁输官供织造。

（明）王祯《祀蚕神辞》

（祈）
惟蚕之精，天驷有星。
惟蚕之神，伊昔著名。
气钟于此，孕卵而生。
既桑而育，既眠而兴。
神之福汝，有箔皆盈。
尚冀终惠，用彰厥灵。
蔟老献瑞，茧盆效成。
敬获吉卜，愿契心盟。
神宜飨之，祈祀惟馨。
（报）
龙精一气，功被多方。
继当是岁，神降于桑。
载生载育，来福来祥。
赐我茧丝，制此衣裳。
室家之庆，闾里之光。
敬帅长幼，诘旦升香。
设肴于俎，奠醴于觞。
工祝致告，神德弥彰。

（明）高启《养蚕词》

东家西家罢来往，晴日深窗风雨响。
二眠蚕起食叶多，陌头桑树空枝柯。
新妇守箔女执筐，头发不梳一月忙。
三姑祭后今年好，满蔟如云茧成早。
檐前缫车急作丝，又是夏税相催时。

（清）施闰章《祀蚕娘》

华灯白粥陈椒浆，田家女儿祀蚕娘。
愿刺绣裙与娘看，使我红蚕堆满箔。
他家织缣裁罗襦，妾家卖丝充官租。
余作郎衣及儿袄，家贫租重还有无。
蚕时桑远行多露，好傍门前种桑树。

（清）康熙《御制耕织图题诗》

劳劳拜蔟祭神桑，喜得丝成愿已偿。
自是西陵功德盛，万年衣被泽无疆。

（清）岳冠华《回乡题诗》

嫘祖吾乡里，青龙诞帝妃。
始蚕蚕作茧，织绢绢成衣。
逸史传翁妪，功勋纪赵蕤。
子孙成祖烈，织绢有鹅溪。

第八章
丝绸之路

早在距今2000多年的西汉时期，中国就开通了连接东西方文明的陆上通道，这就是著名的“丝绸之路”。通过“丝绸之路”，中国曾深深地影响了世界，中西经济、政治、文化和思想通过“丝绸之路”不断交流融合。

“丝绸之路”的概念最早是由100多年前德国李希霍芬提出的。在他的5卷本巨著《中国——亲身旅行和据此研究的成果》中，他第一次把汉代中国和中亚南部、西部以及印度之间的丝绸贸易为主的交通路线，称作“丝绸之路”。“丝绸之路”一名便在世界范围内逐渐流传开了。在李希霍芬去世之后，德国历史学家赫尔曼在他1910年出版的《中国和叙利亚之间的古代丝绸之路》一书中更进一步确定了“丝绸之路”的定义。“丝绸之路”是中国古代和中世纪从黄河流域和长江流域经由印度、中亚通往南亚、西亚以及欧洲、北非，以丝绸为主要媒介的贸易交往通道，简称“丝路”。如今，“丝绸之路”已成为一个国际通用学术名词，远远地超越了“路”的地理学范畴。

千年“丝路”输送的不仅是丝绸，往来的不仅是贸易，这条路上还承载着来自不同国度和民族的人的情感和文化。这条由“西北丝绸之路”、“草原丝绸之路”、“海上丝绸之路”和“西南丝绸之路”组成的四通八达的“丝路”，在中外关系史上发挥了不容置疑的重要作用。

一 “西北丝绸之路”

“西北丝绸之路”东起中国长安，经河西走廊到敦煌。从敦煌起分为南北两路：南路从敦煌经楼兰、于阗（今和田）、莎车，穿越葱岭（今帕米尔）到大月氏、安息（今伊朗），往西到达条支（今波斯湾）、大秦（罗马帝国东部）；北路从敦煌到交河、龟兹（今库车）、疏勒（今喀什），穿越葱岭到大宛（今费尔干纳），往西经安息到达大秦。

汉武帝派张骞出使西域，形成了西北丝路的基本干道。公元前140年，汉武帝派张骞带队出使西域，联合大月氏人，共同抗击匈奴。张骞一行在匈奴国被拘禁10年后，几经周折，最终到达了大宛。大宛国君主长期以来就“闻汉之饶财，欲通不得”，热情招待了张骞一行，随后派向导带领张骞一行继续前进。向导们首先把汉使带到了一个叫“康居”的国家，然后又从那里把张骞一行带到了大月氏国。然而大月氏国王已经心灰意懒，毫无抵抗匈奴人的雄心壮志了。张骞只好返程，历经重重困阻，最终回到长安向汉武帝报告西域的详细形势。张骞虽然没有成功地完成出使使命，但是他带回的重要信息，对丝绸之路的开通有卓越贡献。虽然丝绸之路是沿线各国共同促进经贸发展的产物，但张骞两次出使西域，开辟了中外交流的新纪元。

由于地理环境的变化和政治、宗教形势的演变，“西北丝绸之路”也在不断变化。东汉时期开通了由敦煌北上伊吾的“北新道”。南北朝时期开通的沿长江向上到益州（今成都），再北上龙涸（今松潘），经青海湖畔的吐谷浑都城，西经柴达木盆地到敦煌；或更向西越过阿尔金山口，进入西域鄯善地区，这条道被称

图1 敦煌莫高窟第302窟《水陆交通全景图》

作"吐谷浑道"或"河南道"，今称"青海道"。

"西北丝绸之路"是政府开拓的官道，全盛时期在汉魏隋唐的千余年间。通过这条通道，中国丝绸传入西亚和欧洲，中国的蚕种也传到了中亚细亚和外高加索、阿富汗、伊拉克、伊朗、土耳其、阿拉伯、埃及、西班牙、意大利、法国。西亚、欧洲的商队也通过这条道路进入中国进行贸易。漫长的"西北丝绸之路"上，一派繁忙景象。

二 "草原丝绸之路"

中国丝绸最早是从蒙古高原，到阿尔泰山，再经过准噶尔盆地到哈萨克丘陵，或者是直接由巴拉巴草原到黑海地区的北方草原之路传入欧洲的。它是一条由草原游牧民族主导的东西方文化交流通道。虽然控制"草原丝绸之路"的民族和国家在不断变迁，这条"丝绸之路"却一直通达而繁忙。

在汉代张骞出使西域之前，散居在广袤的欧亚草原上的游牧民族就充当着欧亚两种文明的传播者，促进了欧亚大陆东西两端的文化交流。张骞出使西域时发现了这条当时已被匈奴人阻断了的通道，并将草原丝路的具体路线、交通网络和途径城国名称等载入《史记·大宛列传》和《汉书·西域传》。"草原丝绸之路"在唐代被称为"回纥道"或"回鹘路"。"安史之乱"后，由于吐蕃阻绝了"西北丝绸之路"，"草原丝绸之路"成为唐与西域城邦交流的重要通道。

希腊历史学家希罗多德曾在其著作《历史》中提到，公元前5世纪，古希腊人与黑海沿岸的斯基泰人贸易时，得到一种柔软的绮罗，这些丝绸很可能就是由斯基泰人从遥远的东方

贩运而来。考古学家们在位于阿尔泰山麓的巴泽雷克巨型斯基泰古墓中，发现了公元前5世纪左右的中国丝绸和漆器，还有波斯阿契美尼德王朝的文物。

“草原丝绸之路”将中国、波斯和希腊三个文化圈联系起来，促进了欧亚大陆东西两端的文化交流。

三 “海上丝绸之路”

“海上丝绸之路”起于秦汉，兴盛于唐宋，明初达到顶峰。它是以泉州、广州、扬州等为起点，至朝鲜、日本、东南亚诸国、南亚诸国、阿拉伯和东非沿海诸国的海上商路。

汉武帝时就开通了从广东到印度的通商航道。东汉时期，大秦（罗马）王安墩派使者送来象牙、犀角、玳瑁。唐代“安史之乱”后，“西北丝绸之路”逐渐萧条，海上贸易开始勃兴。“海上丝绸之路”最初是从中国向东到达朝鲜半岛和日本列岛的东海航线，也就是“东海丝路”，主要港口是扬州、宁波。公元225年扶南（今柬埔寨）国王范旃派使者历时四年来到东吴，献琉璃。孙权派遣中郎康泰出使扶南国。宋代以后，中国的经济中心逐渐转移到南方地区，这加快了海上航路的迅速发展，海上“丝路”从广州、泉州、杭州等地出发，经南洋到阿拉伯海，甚至远达非洲东海岸。大量丝绸运往东南亚地区、阿拉伯国家以及北非埃及一带，并通过那里再转运至欧洲各国。15世纪葡萄牙人以澳门为中心，在世界范围开展中国丝绸贸易。16世纪西班牙人又开通了一条由澳门经马尼拉，至墨西哥湾的航线。17至18世纪，荷兰人和英国人相继设立的东印度公司控制了与中国的丝绸贸易。

各国商人也由海路来到中国，运输中国的瓷器、丝绸、茶叶到印度、罗马，也把西方的香料、宝石输入中国。

四 “西南丝绸之路”

“西南丝绸之路” 的起点是四川成都，分为灵关道、五尺道和永昌道三道，在叶榆汇合，行经哀牢（今云南保山）、滇越（今云南腾冲）、掸国（今缅甸）至身毒（今印度），又称蜀身毒道。

“西南丝绸之路”在战国时代就已经开发。三星堆文化遗址发现了大批来自缅甸、印度温暖海域的齿贝，有力地证明早在3000年前，四川就已经与沿海地区有了交往。张骞出使西域，在大夏（今阿富汗）发现从身毒转贩而来的蜀布、邛竹杖，他向汉武帝报告后，元狩元年（前122）汉武帝派张骞打通“蜀身毒道”。东汉明帝永平十二年（69），哀牢人归附，东汉王朝将“蜀身毒国”全线贯通。唐代这条商路更加兴旺发达。

中国的丝绸、铁器、漆器从成都出发，沿着西南深山密林中的通道，输出到南亚、西亚以至欧洲。

通过“丝绸之路”，中国与西方的物质和文化不断地交流融合。公元前1世纪时，罗马皇帝恺撒向一位凯旋的将军赏赐了一批丝绸织物，使所有在场的人都目瞪口呆，惊诧赞叹。除了那些曾在东方旅行过的人之外，这应该是罗马人首次有机会欣赏丝绸，一饱眼福。当罗马贵族们热切地迷恋上丝绸之后，他们到处寻求这种奇特的纺织品。当时罗马帝国正处在全盛时代，所有的贵族、殖民总督和凯旋的将军们都享受巨额财富。因而轻薄华丽的丝绸立刻成了罗马贵族们竞相追逐的奢侈品，他们不惜用重金购买。在罗马贵族穿戴享用丝绸的时候，他们也不知道丝绸是如何制造的，更不知道丝绸制造者们是如何生活的。古罗马诗人维吉尔在他的《农事诗》中记载了一种“细羊毛”，书中记载这是由赛里斯人“用梳子”从树叶里“摘取”的。公元22年，罗马帝国第四位皇帝喀劳狄在元老院指出，罗马人用重金购买丝绸和香料等奢侈品，致使帝国的财富大量外流，把帝国的金钱拱手奉送给了异族。

在中国文化西传的同时，外国的文化也深深地影响着中国。中国吸收了西亚和中亚的音乐、舞蹈、饮食和服饰文化等，粟特人对于文化传播起到了很重要的作用。西域的乐器通过“丝绸之路”传入中国，深深地融入中国的民族音乐文化之中。比如，琵琶是南北朝时由波斯传入中国的。还有诸如扬琴、羯鼓、钹等乐器。汉初以来，罗马的玻璃器、西域的乐舞、杂技也在中国各地受到欢迎。今天常见的一批带有“胡”字的植物，如胡桃、胡瓜、胡葱、胡荽、胡椒、胡桐泪、胡萝卜等等，基本上都是来自西方。张骞出使西域各国时带回来了苜蓿和葡萄，前者原产伊朗高原西北的米底亚，后者是西亚和埃及最早人工栽培的一种植物。东汉末年的汉灵帝特别喜欢胡服、胡饭、胡床等，这种风气很快在京城的贵族里迅速流行起来。早在西汉末年，佛教就已经通过“丝绸之路”传入中国。到了隋唐时期，佛教已经深入民心。

联合国发起的“丝绸之路研究计划”，中国提出的与欧亚各国共建“丝绸之路经济带”设想，昭示着未来的“丝绸之路”，将是中国与世界的对话之路，开放之路，合作之路，发展之路。

第九章
记住丝绸

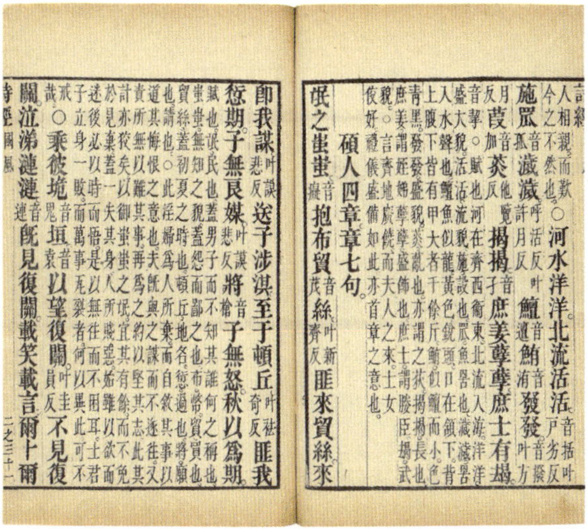

《诗经·卫风·氓》

《氓》是《诗经》里弃妇诗的翘楚。诗中的女主人公以无比沉痛的口气，回忆了恋爱生活的甜蜜，以及婚后被丈夫虐待和遗弃的痛苦，其中提及忠厚老实的小伙子抱着布匹来换丝，其实是来找女主人公商议婚事。

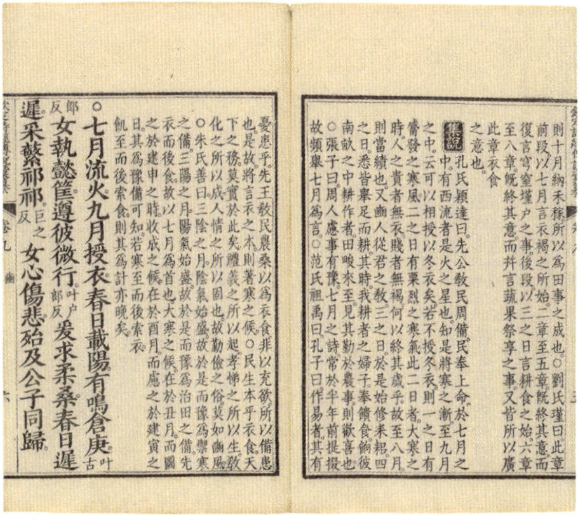

《诗经·豳风·七月》

这首诗描述的是：七月火星向西沉，九月人家寒衣分。春天里好太阳，黄莺儿叫得忙。姑娘们拿起高筐筐，走在小路上，去采桑养蚕。

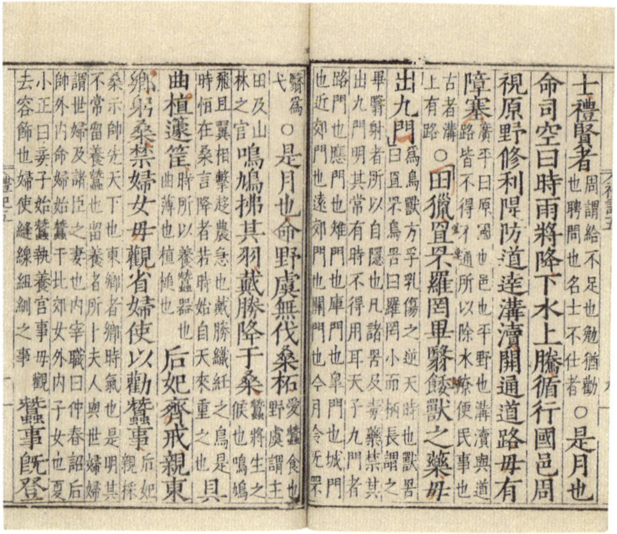

《礼记·月令》

《礼记》一书反映了从夏代到西周有关农事的教化内容。劝课农桑，尤其是对桑蚕丝织的社会教化活动，贯穿于西周社会的始终。

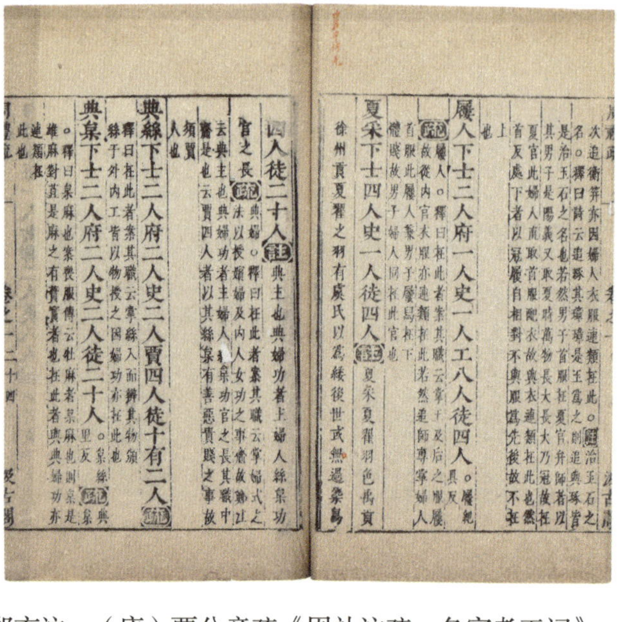

（汉）郑玄注，（唐）贾公彦疏《周礼注疏·冬官考工记》

典丝，是西周时期设置的官位，隶属于天官府司。实际上，典丝专职负责掌管丝的入贡，鉴定丝的质量和等级，并按等级分发给纺织工匠进行加工。

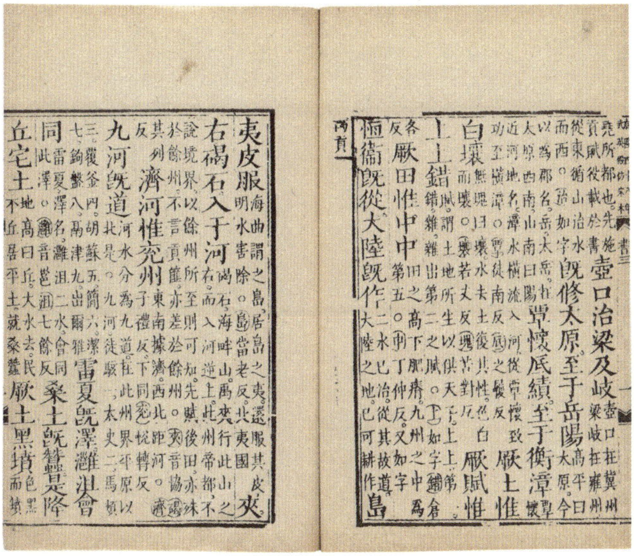

壺口治梁及岐
既修太原至于岳陽
覃懷厎績至于衡漳
厥土惟白壤
厥賦惟上上錯
厥田惟中中
恒衛既從大陸既作
島夷皮服
夾右碣石入于河
濟河惟兗州
九河既道
雷夏既澤灉沮會同
桑土既蠶是降丘宅土
厥土黑墳

《尚书·禹贡》

书中提到兖州地区能够栽桑的地方都已经养蚕。

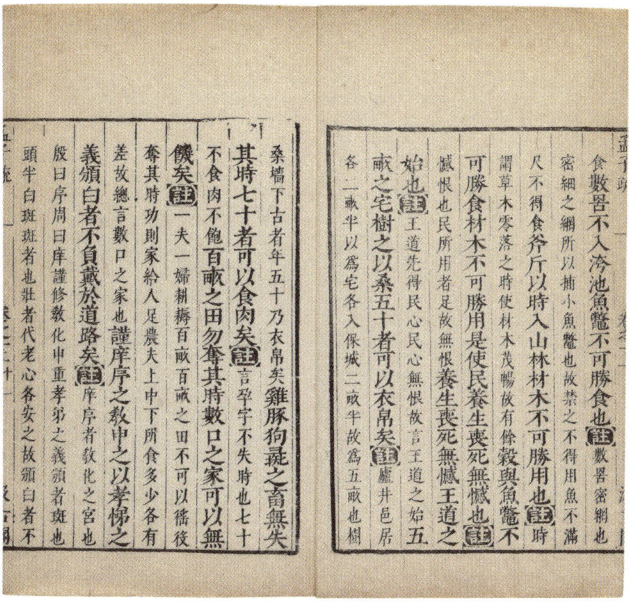

食數罟不入洿池魚鼈不可勝食也【注】數罟密網也
密細之網所以捕小魚鼈也故禁之不得用魚不滿
尺不得食斧斤以時入山林材木不可勝用也【注】時
謂草木零落之時使材木茂暢故有餘穀與魚鼈不
可勝食材木不可勝用是使民養生喪死無憾也【注】
憾恨也民所用者足故無恨養生喪死無憾王道之
始也【注】王道先得民心民心無恨故言王道之始五
畝之宅樹之以桑五十者可以衣帛矣【注】廬井邑居
各二畝半以為宅各入保城二畝半故為五畝也樹
桑牆下古者年五十乃衣帛矣雞豚狗彘之畜無失
其時七十者可以食肉矣【注】言孕字不失時也七十
不食肉不飽百畝之田勿奪其時數口之家可以無
饑矣【注】一夫一婦耕耨百畝百畝之田不可以徭役
奪其時功則家給人足農夫上中下所食多少各有
差故總言數口之家也謹庠序之教申之以孝悌之
義頒白者不負戴於道路矣【注】庠序者教化之宮也
殷曰序周曰庠謹修教化申重孝弟之義頒者斑也
頭半白斑斑者也壯者代老心各安之故頒白者不

（汉）赵岐注，（宋）孙奭疏《孟子注疏解经·梁惠王上》

孟子劝梁惠王不必在意于人民是否多于邻国，而应致力于王道政治的实施，以得民心。五亩田的宅地，房前屋后多种桑树，五十岁的人就能穿上丝棉袄。

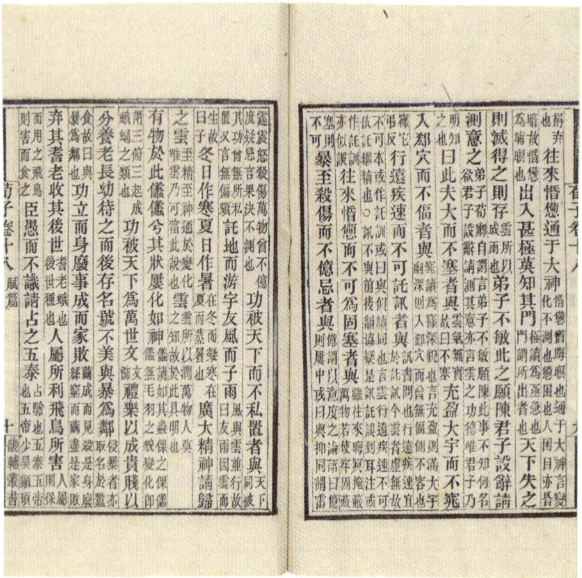

（战国）荀况《荀子·蚕赋》

公元前262年，荀子成为楚国兰陵县令，兰陵原属夏代的“缯国”。“缯”很早就掌握了先进的丝麻纺织技术。

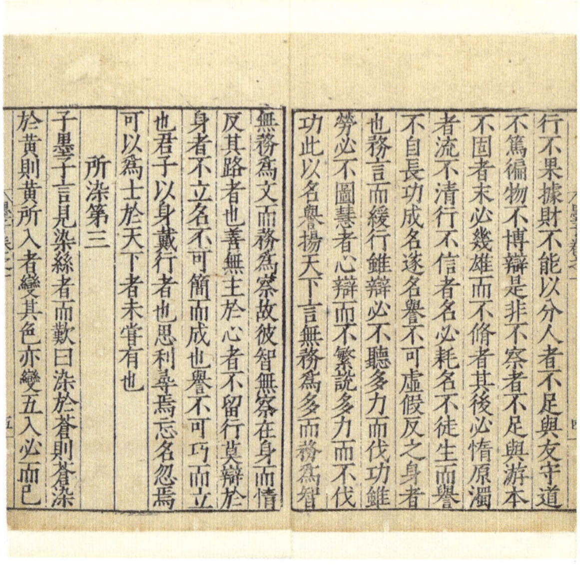

行不果據財不能以分人者不足與友守道不篤徧物不博辯是非不察者不足與游本不固者末必幾雄而不脩者其後必惰原濁者流不清行不信者名必耗名不徒生而譽不自長功成名遂名譽不可虛假反之身者也務言而緩行雖辯必不聽多力而伐功雖勞必不圖慧者心辯而不繁說多力而不伐功此以名譽揚天下言無務爲多而務爲智無務爲文而務爲察故彼智無察在身而情反其路者也善無主於心者不留行莫辯於身者不立名不可簡而成也譽不可巧而立也君子以身戴行者也思利尋焉忘名忽焉可以爲士於天下者未嘗有也

所染第三

子墨子言見染絲者而歎曰染於蒼則蒼染於黃則黃所入者變其色亦變五入必而已

（战国）墨翟《墨子·所染》

墨子讨论的主题并非丝绸，但却从侧面反映了中国古代丝绸业发展后带动染色技术的快速进步，在春秋战国时期已有复染的方式。

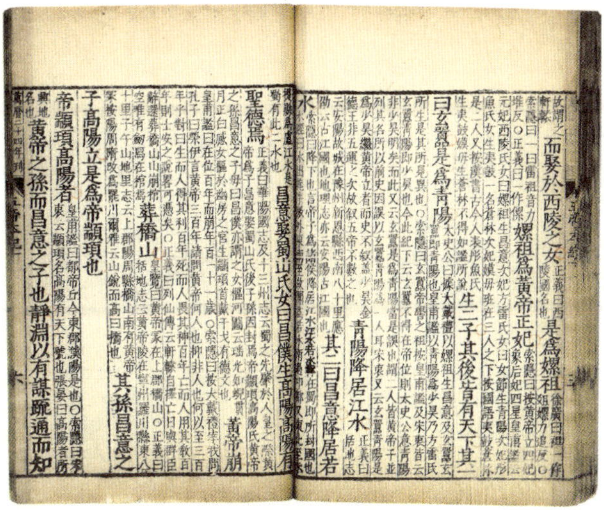

（汉）司马迁《史记·五帝本纪》

嫘祖是中国古代传说中养蚕、取丝的创始人。

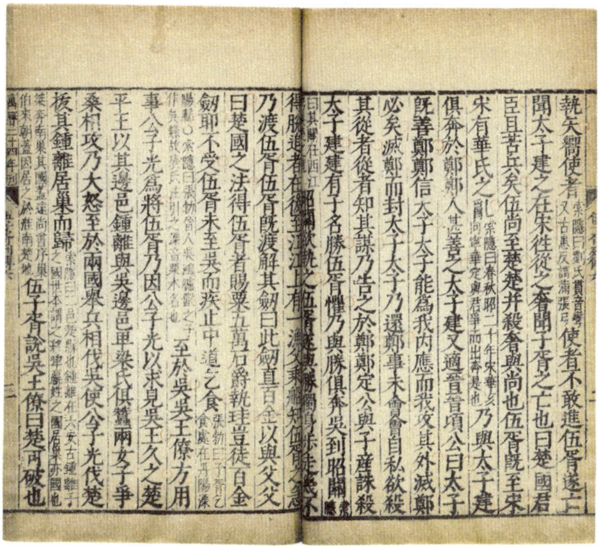

（汉）司马迁《史记·伍子胥列传》

吴楚两国接壤之地，百姓都从事养蚕生营，为了争采桑叶，边境有两个女子争吵以致相攻，最后竟然惊动了两国国君，遂使吴、楚发生大战。由此可见当时桑蚕养殖对于国力的重要性。

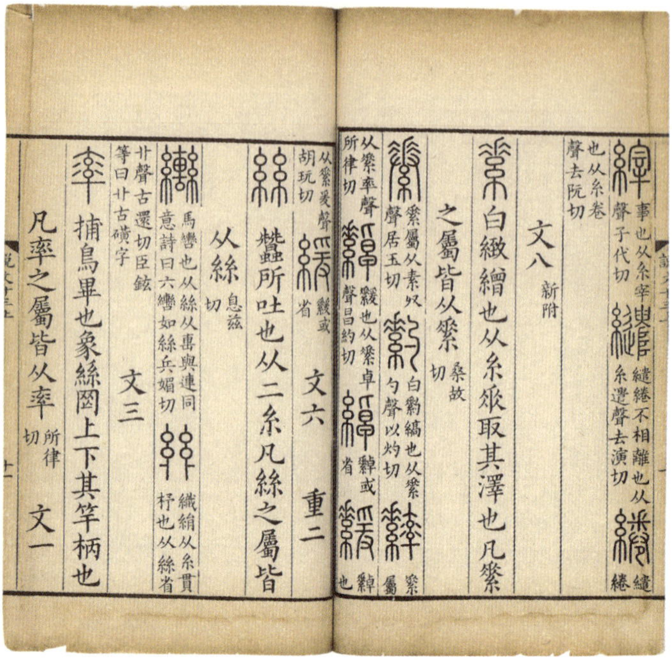
事也从糸宰聲子代切
也从糸卷聲去阮切
繾綣不相離也从糸遣聲去演切
文八 新附
白緻繒也从糸𠂹取其澤也凡素之屬皆从素 桑故切
素屬从素収聲居玉切
白約縞也从素勺聲以灼切
素屬从素率聲所律切
𦆽也从素卓聲昌約切
繛或省
从素爰聲胡玩切
緩或省
文六 重二
蠶所吐也从二糸凡絲之屬皆从絲 息茲切
馬轡也从絲从叀與連同意詩曰六轡如絲兵媚切
織絹从糸貫杼也从絲省卝聲古還切臣鉉等曰卝古磺字
文三
捕鳥畢也象絲罔上下其竿柄也凡率之屬皆从率 所律切
文一

（汉）许慎《说文解字》

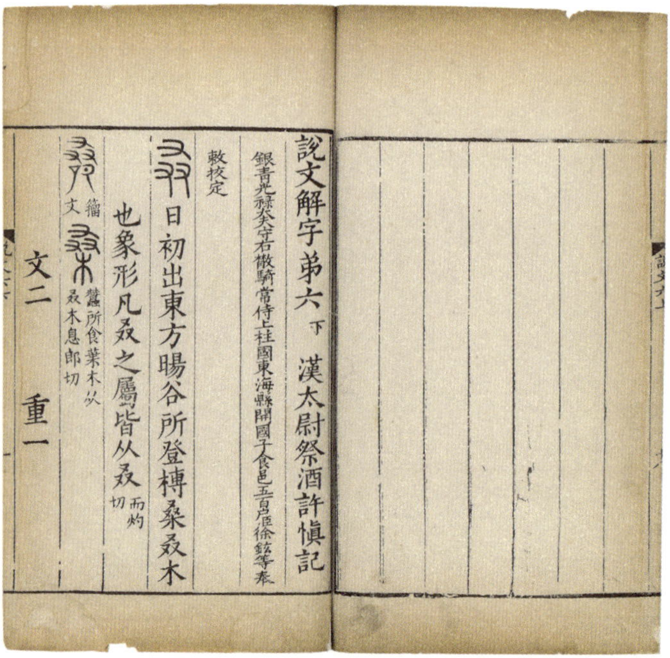
說文解字弟六下 漢太尉祭酒許慎記
銀青光祿大夫守右散騎常侍上柱國東海縣開國子食邑五百戶臣徐鉉等奉敕校定
日初出東方暘谷所登榑桑叒木也象形凡叒之屬皆从叒 而灼切
籀文
蠶所食葉木从叒木息郎切
文二 重一

（汉）许慎《说文解字》

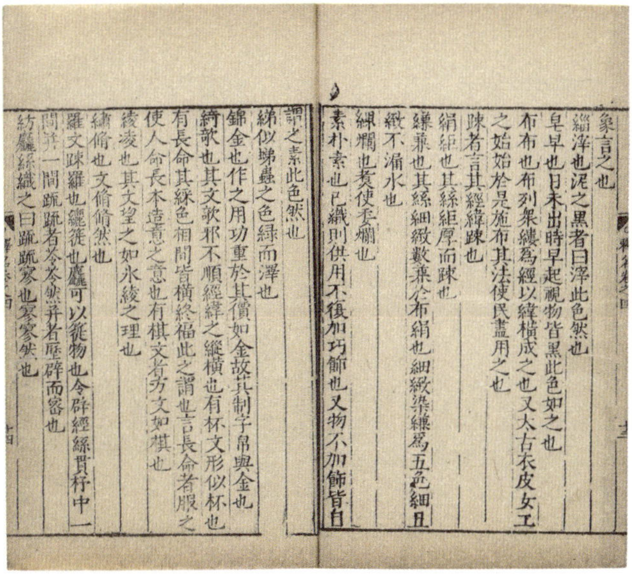

象言之也
緇滓也泥之黑者曰滓此色然也
皂早也日未出時早起視物皆黑此色如之也
布布也布列衆縷爲經以緯橫成之也又太古衣皮女工
之始始於是施布其法使民盡用之也
疎者言其經緯疎也
絹絙也其絲絙厚而疎也
縑兼也其絲細緻數兼於布絹也細緻染縑爲五色細且
緻不漏水也
練爛也煑使委爛也
素朴素也已織則供用不復加巧飾也又物不加飾皆白
謂之素此色然也
綈似蟒蟲之色綠而澤也
錦金也作之用功重於其價如金故其制字帛與金也
綺欹也其文欹邪不順經緯之縱橫也有杯文形似杯也
有長命其綵色相間皆橫終幅此之謂也言長命者服之
使人命長本造意之意也有棋文者方文如棋也
綾凌也其文望之如冰凌之理也
繡脩也文脩脩然也
羅文疎羅也簁簁也麤可以簁物也令辟經絲貫杼中一
間幷一間疎疎者苓苓然幷者歷辟而密也
紡麤絲織之曰疎疎寥也寥寥然也

（汉）刘熙《释名·释彩帛》

织锦工艺复杂，费工多，其价值相当于黄金，只有尊贵的人才能穿。

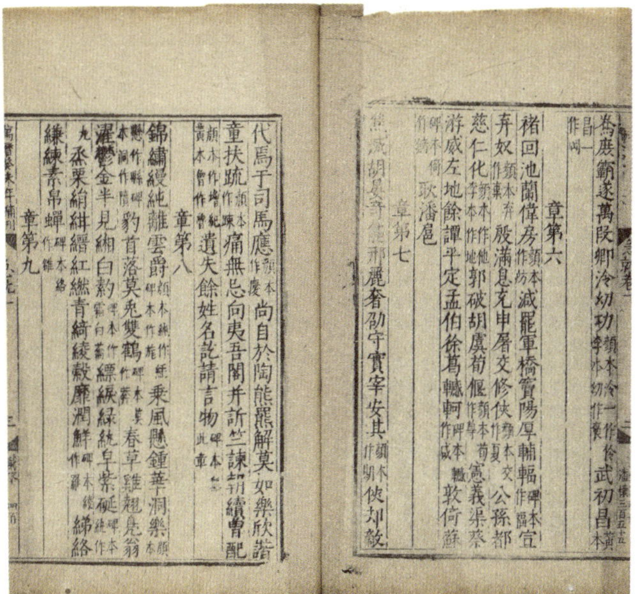

爲庶霸遂萬段卿泠幼功……武初昌
章第六
褚回池蘭偉房減罷軍橋竇陽原輔輻宣
弃奴殷滿息充申屠夾修侯公孫都
慈仁他郭破胡虞尊偃甯處義渠蔡
游威左地餘譚平定孟伯徐葛輔軻敦倚蘇
耿潘扈
章第七
[illegible]麗奢勁守實宰安其[illegible]
代馬于司馬應尚自於陶熊羆解莫如樂欣諮
童扶疏痛無忌向夷吾閻并訴竺諫朝續曹配
遺失餘姓名訖請言物
章第八
錦繡縵紕離雲爵乘風懸鐘華洞樂
豹首落莫兔雙鶴春草雞翹鳧翁
濯鬱金半見緗白縹縹綠紈皂紫硟
烝栗絹紺縉紅繎青綺綾縠靡潤鮮綈絡
縑練素帛蟬
章第九

（汉）史游《急就篇》

汉代的织物色谱，散见于各种书籍中，其中记载得较为集中的有西汉史游的《急就篇》，短短的一段文字中就介绍了近20种不同颜色的丝织品。

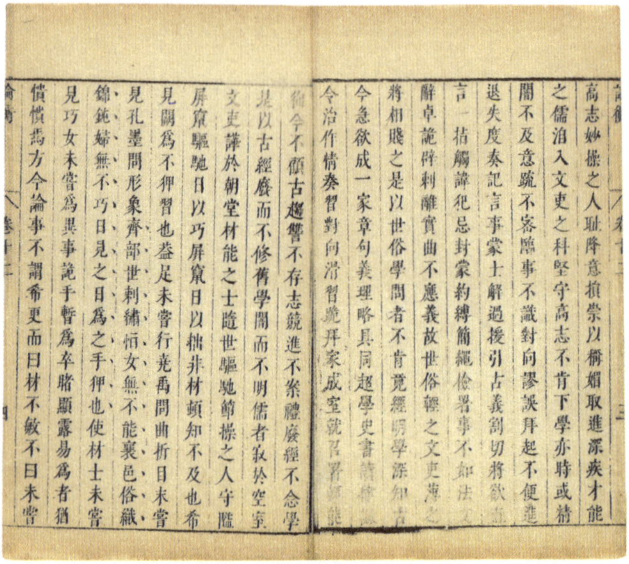
高志妙操之人耻降意損崇以稱媚取進深疾才能
之儒洎入文吏之科堅守高志不肯下學亦時或精
闇不及意疏不密臨事不識對向謬誤拜起不便進
退失度奏記言事蒙士解過援引古義割切將欲直
言一指觸諱犯忌封蒙約縛簡繩檢署事不如法文
辭卓詭辟刺離實曲不應義故世俗輕之文吏薄之
將相賤之是以世俗學問者不肯竟經明學深知古
今急欲成一家章句義理略具同趨學史書讀律諷
令治作情奏習對向滑習跪拜家成室就召署輒能
徇今不顧古趨讐不存志競進不案禮廢經不念學
是以古經廢而不修舊學闇而不明儒者寂於空室
文吏譁於朝堂材能之士隨世驅馳節操之人守隘
屏竄驅馳日以巧屏竄日以拙非材頓知不及也希
見闕爲不狎習也蓋足未嘗行尭禹問曲折目未嘗
見孔墨問形象齊部世刺繡恒女無不能襄邑俗織
錦鈍婦無不巧日見之日爲之手狎也使材士未嘗
見巧女未嘗爲異事詭手暫爲卒睹顯露易爲者猶
憤憤焉方今論事不謂希更而曰材不敏不曰未嘗

（汉）王充《论衡·程材篇》

齐郡的人世世代代刺绣，普通妇女没有不会的；襄邑一般人都会织锦，迟钝的妇女也没有不手巧的。

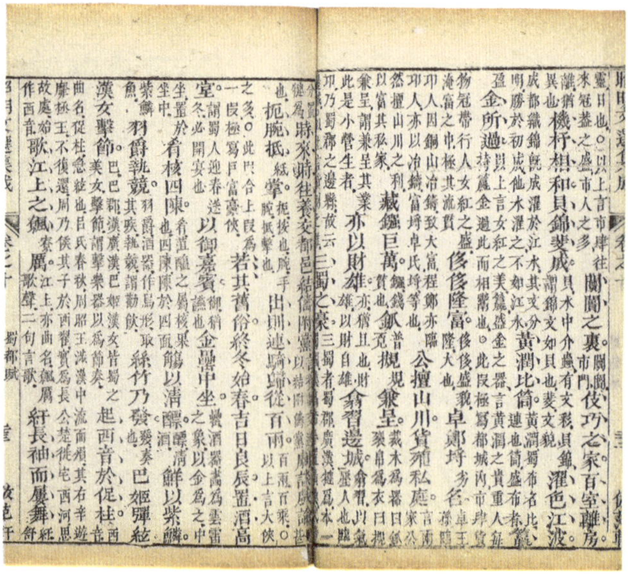

（南朝梁）萧统编《昭明文选·蜀都赋》

《蜀都赋》生动地描绘了蜀国织锦业的盛况。“锦江”的雅称即源于“濯色江波”。

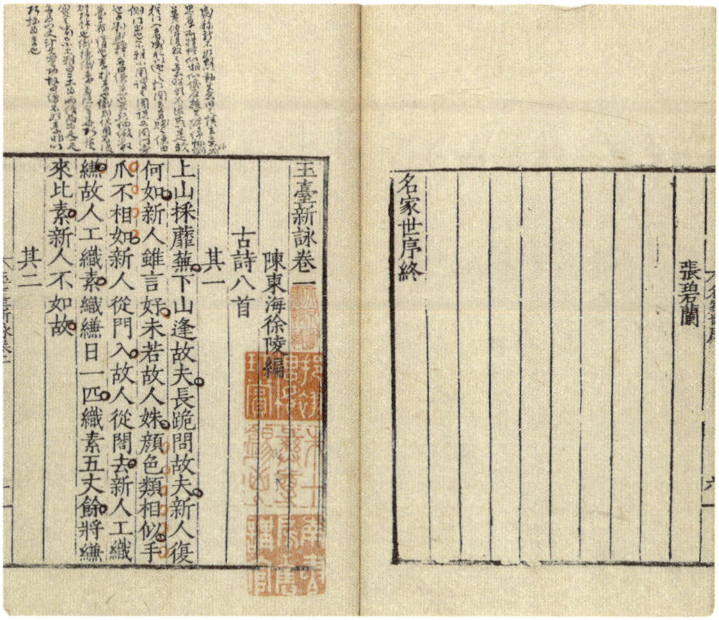

張碧蘭

名家世序終

玉臺新詠卷一

陳東海徐陵編

古詩八首

其一

上山採蘼蕪下山逢故夫長跪問故夫新人復何如新人雖言好未若故人姝顏色類相似手爪不相如新人從門入故人從閤去新人工織縑故人工織素織縑日一匹織素五丈餘將縑來比素新人不如故

其二

（南朝陈）徐陵编选《玉台新咏·上山采蘼芜》

诗中提到了新人和弃妇在丝织技艺上的差别。

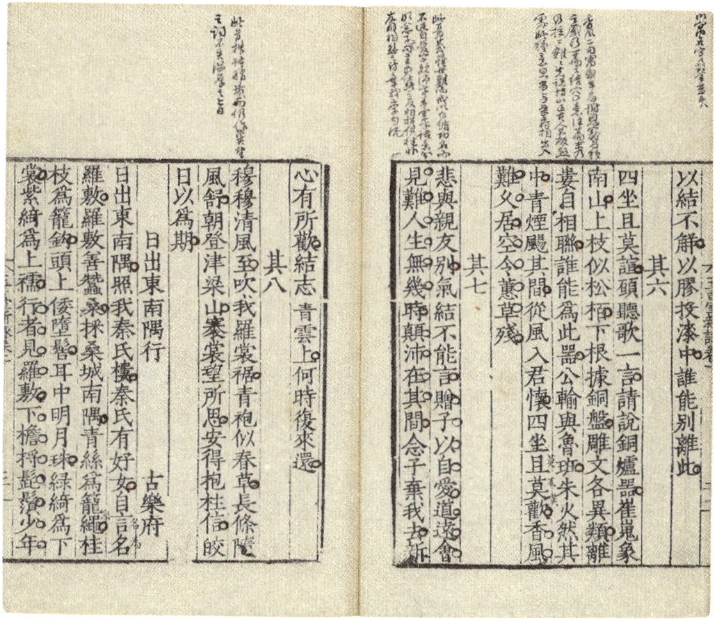

以結不解以膠投漆中誰能別離此

其六

四坐且莫諠願聽歌一言請說銅鑪器崔嵬象南山上枝似松柏下根據銅盤雕文各異類離婁自相聯誰能為此器公輸與魯班朱火然其中青煙颺其間從風入君懷四坐且莫歡香風難久居空令蕙草殘

其七

悲與親友別氣結不能言贈子以自愛道遠會見難人生無幾時顛沛在其間念子棄我去新

心有所歡結志青雲上何時復來還

其八

穆穆清風至吹我羅裳裾青袍似春草長條隨風舒朝登津梁山褰裳望所思安得抱柱信皎日以為期

日出東南隅行

古樂府

日出東南隅照我秦氏樓秦氏有好女自名為羅敷羅敷善蠶桑採桑城南隅青絲為籠繩桂枝為籠鉤頭上倭墮髻耳中明月珠緗綺為下裳紫綺為上襦行者見羅敷下擔捋髭鬚少年

（南朝陈）徐陵编选《玉台新咏·陌上桑》

诗中的女子罗敷，穿着丝绸的衣服去采桑。

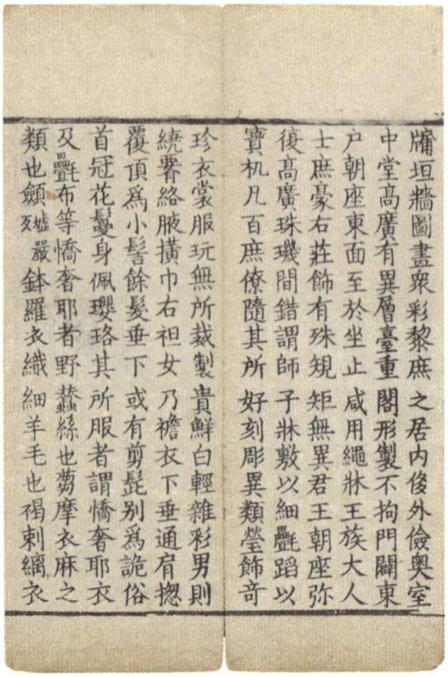

牖垣牆圖畫衆彩黎庶之居内侈外儉奥室
中堂高廣有異層臺重閣形製不拘門闢東
户朝座東面至於坐止咸用繩牀王族大人
士庶豪右莊飾有殊規矩無異君王朝座弥
復高廣珠璣間錯謂師子牀敷以細氎蹈以
寶机凡百庶僚隨其所好刻彫異類瑩飾奇
珍衣裳服玩無所裁製貴鮮白輕雜彩男則
繞腰絡腋横巾右袒女乃襜衣下垂通肩揔
覆頂爲小髻餘髮垂下或有剪髭别爲詭俗
首冠花鬘身佩瓔珞其所服者謂憍奢耶衣
及氎布等憍奢耶者野蠶絲也蒭摩衣麻之
類也顉[illegible]鉢羅衣織細羊毛也褐剌繽衣

（唐）玄奘《大唐西域记》

古代印度有两个表示丝绸的主要词汇，一个是cinapatta，意为“从中国输入的成束的丝”；另一个是kauseya，就是印度土产的野蚕丝。

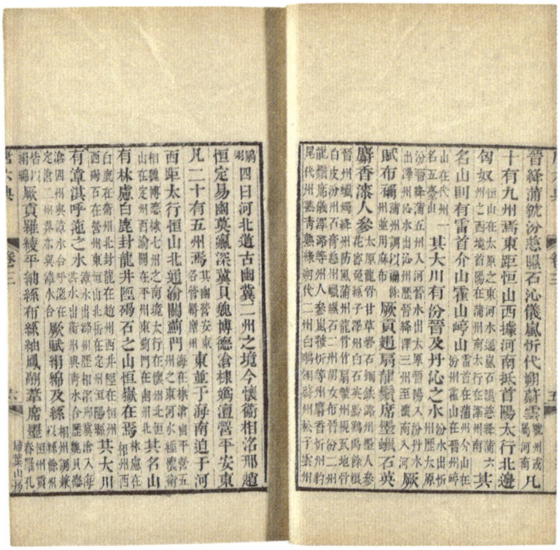

题唐玄宗撰，李林甫注《大唐六典·河北道》

隋唐时期定州等地产的细绫、两窠绫、瑞绫、大独窠绫、独窠绫、二包绫、熟线绫等，都是质量很高的精美丝织品。

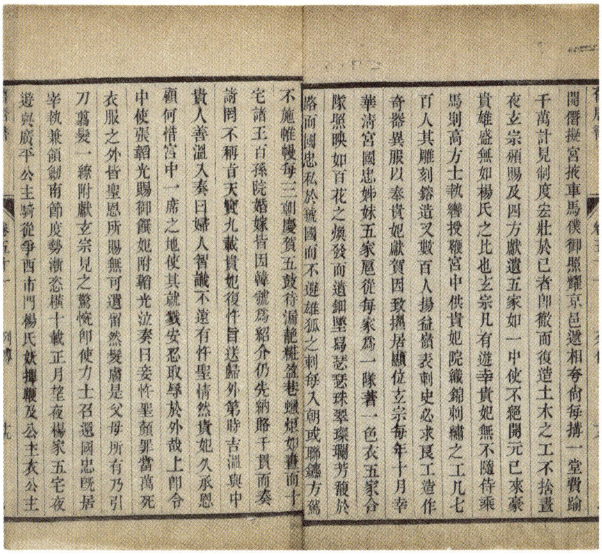

（后晋）刘昫《旧唐书·列传第一》

唐玄宗时期，国力强盛。有专门为“三千宠爱在一身”的杨贵妃设置的织绣作坊。由此可见，唐代官营织绣作坊规模的庞大。

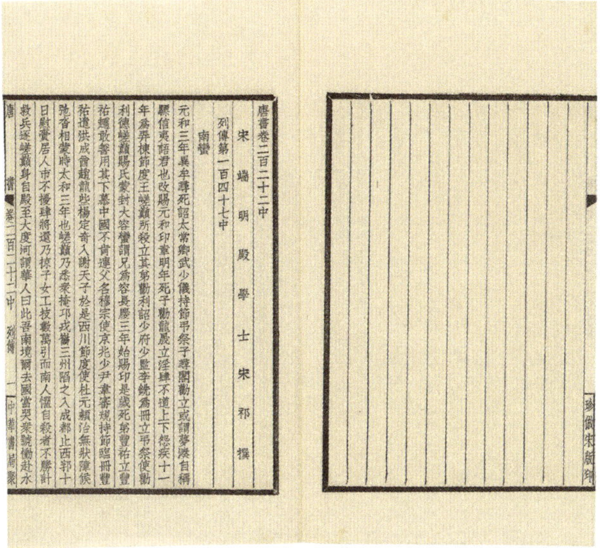

（宋）欧阳修《新唐书》

公元8世纪初，由于南诏王嵯巅攻占了成都，掠回汉族刺绣女工和蜀锦原料而使南诏刺绣工艺得到极大发展。

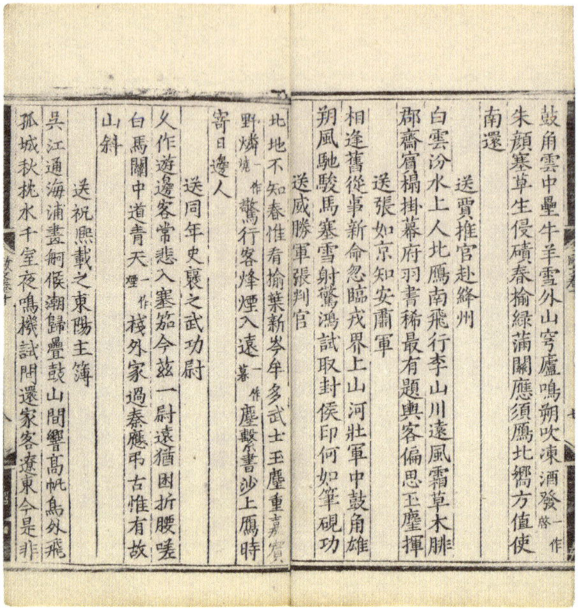

鼓角雲中壘牛羊雪外山穹廬鳴朔吹凍酒發(一作啓)
朱顏塞草生侵磧春榆綠蒲關應須鴈北鄉方值使
南還
送賈推官赴絳州
白雲汾水上人北鴈南飛行李山川遠風霜草木腓
郡齋賓榻掛幕府羽書稀最有題輿客偏思玉麈揮
送張如京知安肅軍
相逢舊從事新命忽臨戎界上山河壯軍中鼓角雄
朔風馳駿馬塞雪射鶩鴻試取封侯印何如筆硯功
送威勝軍張判官
北地不知春惟有榆莢新岑牟多武士玉麈重嘉賓
野燐(一作燒)驚行客烽煙入遠(一作暮)塵繫書沙上鴈時
寄日邊人
送同年史襄之武功尉
久作遊邊客常悲入塞笳今茲一尉遠猶困折腰嗟
白馬關中道青天(一作煙)棧外家過秦應弔古惟有故
山斜
送祝熙載之東陽主簿
吳江通海浦畫舸候潮歸疊鼓山間響高帆鳥外飛
孤城秋枕水千室夜鳴機試問還家客遼東今是非

（宋）欧阳修《欧阳文忠公文集》

宋太祖对内采取重文轻武的政策，对外则采取怀柔政策，以恩赐礼品或纳贡方式，每年输往北方的绢帛达数十万匹。

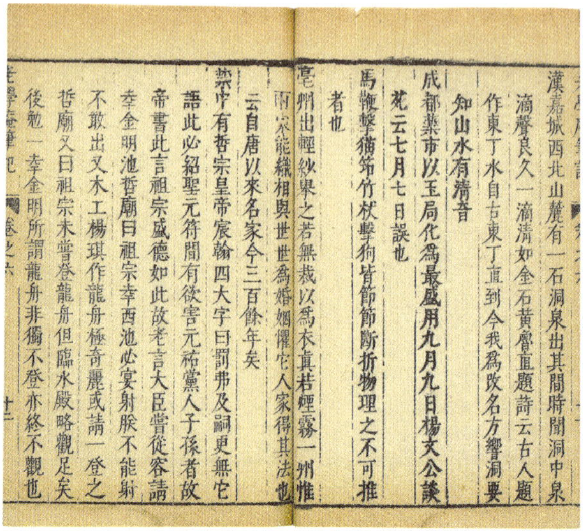

漢嘉城西北山麓有一石洞泉出其間時聞洞中泉
滴聲良久一滴清如金石黃魯直題詩云古人題
作東丁水自古東丁直到今我爲改名方響洞要
知山水有清音
成都藥市以玉局化爲最盛用九月九日楊文公談
苑云七月七日誤也
馬鞭擊猶笻竹杖擊狗皆節節斷折物理之不可推
者也
亳州出輕紗舉之若無裁以爲衣真若煙霧一州惟
兩家能織相與世世爲婚姻懼它人家得其法也
云自唐以來名家今三百餘年矣
禁中有哲宗皇帝宸翰四大字曰罰弗及嗣更無它
語此必紹聖元符間有欲害元祐黨人子孫者故
帝書此言祖宗盛德如此故老言大臣嘗從容請
幸金明池哲廟曰祖宗幸西池必宴射朕不能射
不敢出又木工楊琪作龍舟極奇麗或請一登之
哲廟又曰祖宗未嘗登龍舟但臨水殿略觀足矣
後勉一幸金明所謂龍舟非獨不登亦終不觀也

（宋）陆游《老学庵笔记》

唐代以降，民间丝织业异常活跃。个体工匠为竞争的需要，往往将若干年乃至若干代实践总结的技艺在本家庭成员内部传授，严防外传。

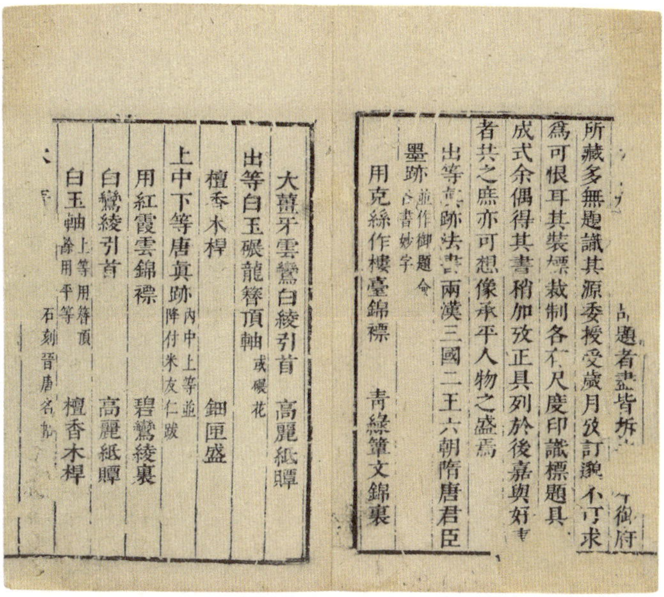

…品題者盡皆拆…御府
所藏多無題識其源委授受歲月攷訂邈不可求
爲可恨耳其裝標裁制各有尺度印識標題具
成式余偶得其書稍加攷正具列於後嘉與好
者共之庶亦可想像承平人物之盛焉
出等真跡法書兩漢三國二王六朝隋唐君臣
墨跡 並作御題命 古書妙字
用克絲作樓臺錦褾　青綠簟文錦裏

大薑牙雲鸞白綾引首　高麗紙贉
出等白玉碾龍簪頂軸 或碾花
檀香木桿　鈿匣盛
上中下等唐真跡 內中上等並降付米友仁跋
用紅霞雲錦褾　碧鸞綾裏
白鸞綾引首　高麗紙贉
白玉軸 上等用簪頂 餘用平等　檀香木桿
石刻晉唐名帖

（宋）周密《齐东野语》

周密《齐东野语》记载了绍兴御府所藏法书用缂丝作装裱。

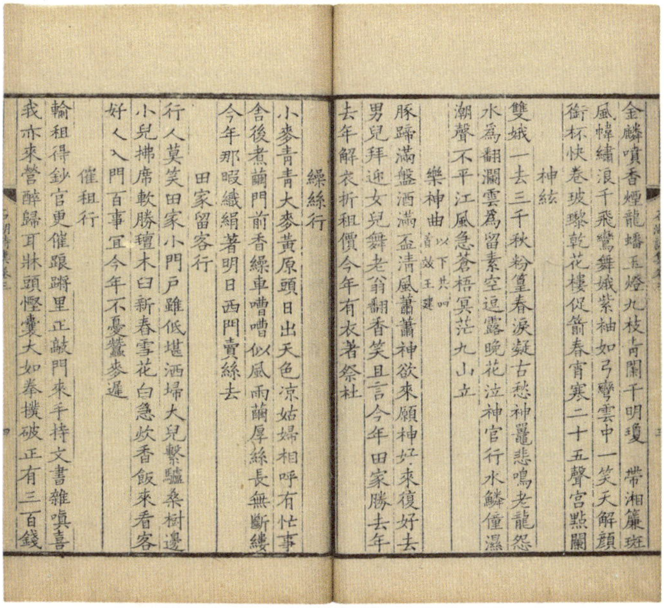

金麟噴香煙龍蟠玉燈九枝青闌干明瓊　帶湘簾斑
風幃繡浪千飛鸞舞娥紫袖如弓彎雲中一笑天解顏
銜杯快卷玻瓈乾花樓促箭春宵寒二十五聲宮點闌
神絃
雙娥一去三千秋粉篁春淚疑古愁神鼉悲鳴老龍怒
水爲翻瀾雲爲留素空逗露晚花泣神官行水鱗僮濕
潮聲不平江風急蒼梧冥茫九山立
樂神曲 以下共四首效王建
豚蹄滿盤酒滿盃清風蕭蕭神欲來願神好來復好去
男兒拜迎女兒舞老翁翻香笑且言今年田家勝去年
去年解衣折租價今年有衣著祭社

繅絲行
小麥青青大麥黃原頭日出天色涼姑婦相呼有忙事
舍後煮繭門前香繅車嘈嘈似風雨繭厚絲長無斷縷
今年那暇織絹著明日西門賣絲去
田家留客行
行人莫笑田家小門戶雖低堪洒埽大兒繫驢桑樹邊
小兒拂席軟勝氊木臼新舂雪花白急炊香飯來看客
好人入門百事宜今年不憂蠶麥遲
催租行
輸租得鈔官更催踉蹡里正敲門來手持文書雜嗔喜
我亦來營醉歸耳牀頭慳囊大如拳撲破正有三百錢

（宋）范成大《石湖居士诗集》

《缫丝行》是一首形象反映现实的佳作。这首歌行体的诗作真切地反映了从事家庭丝纺织的农村妇女的劳动生活。

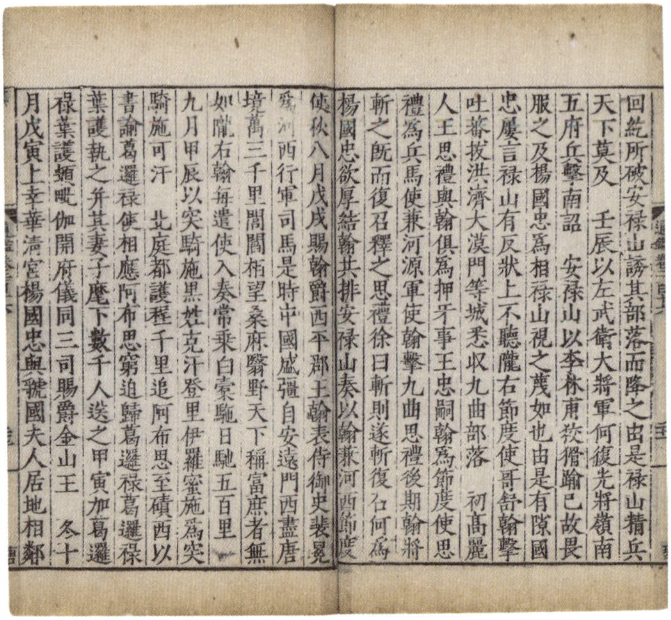
回紇所破安祿山誘其部落而降之由是祿山精兵天下莫及　壬辰以左武衛大將軍何復光將嶺南五府兵擊南詔　安祿山以李林甫狡猾踰己故畏服之及楊國忠爲相祿山視之蔑如也由是有隙國忠屢言祿山有反狀上不聽隴右節度使哥舒翰擊吐蕃拔洪濟大漠門等城悉收九曲部落　初高麗人王思禮與翰俱爲押牙事王忠嗣翰爲節度使思禮爲兵馬使兼河源軍使翰擊九曲思禮後期翰將斬之既而復召釋之思禮徐曰斬則遂斬復召何爲楊國忠欲厚結翰共排安祿山奏以翰兼河西節度使秋八月戊戌賜翰爵西平郡王翰表侍御史裴冕爲河西行軍司馬是時中國盛彊自安遠門西盡唐境萬二千里閭閻相望桑麻翳野天下稱富庶者無如隴右翰每遣使入奏常乘白橐駝日馳五百里九月甲辰以突騎施黑姓克汗登里伊羅蜜施爲突騎施可汗　北庭都護程千里追阿布思至磧西以書諭葛邏祿使相應阿布思窮迫歸葛邏祿葛邏祿葉護執之并其妻子麾下數千人送之甲寅加葛邏祿葉護頓毗伽開府儀同三司賜爵金山王　冬十月戊寅上幸華清宮楊國忠與虢國夫人居地相鄰

（宋）司马光《资治通鉴·唐纪三十二》

文中提到河泷地区物产丰富，广植桑麻。

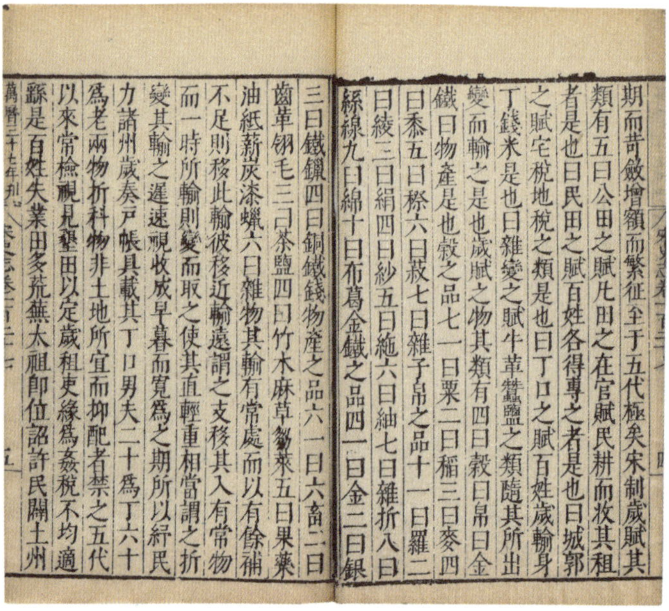
期而苛斂增額而繁征至于五代極矣宋制歲賦其類有五曰公田之賦凡田之在官賦民耕而收其租者是也曰民田之賦百姓各得專之者是也曰城郭之賦宅稅地稅之類是也曰丁口之賦百姓歲輸身丁錢米是也曰雜變之賦牛革蠶鹽之類隨其所出變而輸之是也歲賦之物其類有四曰穀曰帛曰金鐵曰物產是也穀之品七一曰粟二曰稻三曰麥四曰黍五曰穄六曰菽七曰雜子帛之品十一曰羅二曰綾三曰絹四曰紗五曰絁六曰紬七曰雜折八曰絲線九曰綿十曰布葛金鐵之品四一曰金二曰銀三曰鐵鑞四曰銅鐵錢物產之品六一曰六畜二曰齒革翎毛三曰茶鹽四曰竹木麻草芻菜五曰果藥油紙薪炭漆蠟六曰雜物其輸有常處而以有餘補不足則移此輸彼移近輸遠謂之支移其入有常物而一時所輸則變而取之使其直輕重相當謂之折變其輸之遲速視收成早暮而寬爲之期所以紓民力諸州歲奏戶帳具載其丁口男夫二十爲丁六十爲老兩物折科物非土地所宜而抑配者禁之五代以來常檢視見墾田以定歲租吏緣爲姦稅不均適繇是百姓失業田多荒蕪太祖即位詔許民闢土州

（元）脱脱《宋史·食货志》

宋代政府征收的帛共有十种，可见丝织业在宋代经济中的重要地位。

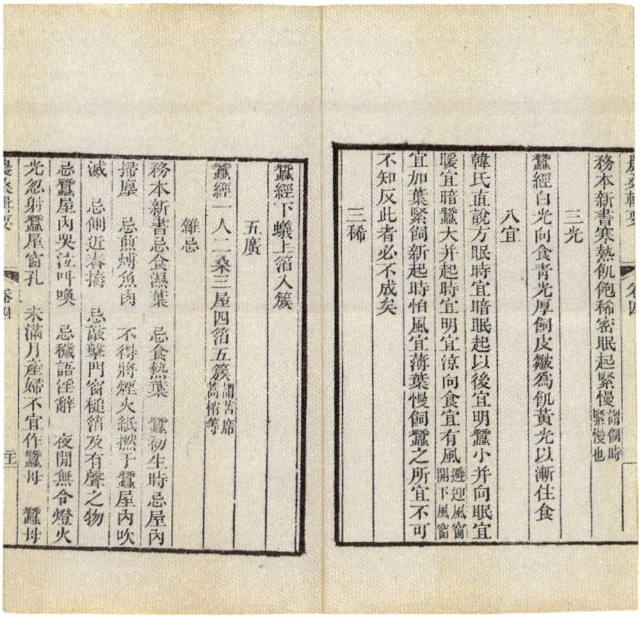

務本新書寒熱飢飽稀密眠起緊慢（謂飼時緊慢也）
三光
蠶經白光向食青光厚飼皮皺爲飢黃光以漸住食
八宜
韓氏直說方眠時宜暗眠起以後宜明蠶小并向眠宜
暖宜暗蠶大并起時宜明宜涼向食宜有風（避迎風窗開下風窗）
宜加葉緊飼新起時怕風宜薄葉慢飼蠶之所宜不可
不知反此者必不成矣
三稀

蠶經下蟻上箔入簇
五廣
蠶經一人二桑三屋四箔五簇（謂苫席蒿梢等）
雜忌
務本新書忌食濕葉　忌食熱葉　蠶初生時忌屋內
掃塵　忌煎煿魚肉　不得將煙火紙撚于蠶屋內吹
滅　忌側近舂擣　忌敲擊門窗槌箔及有聲之物
忌蠶屋內哭泣叫喚　忌穢語淫辭　夜間無令燈火
光忽射蠶屋窗孔　未滿月產婦不宜作蠶母　蠶母

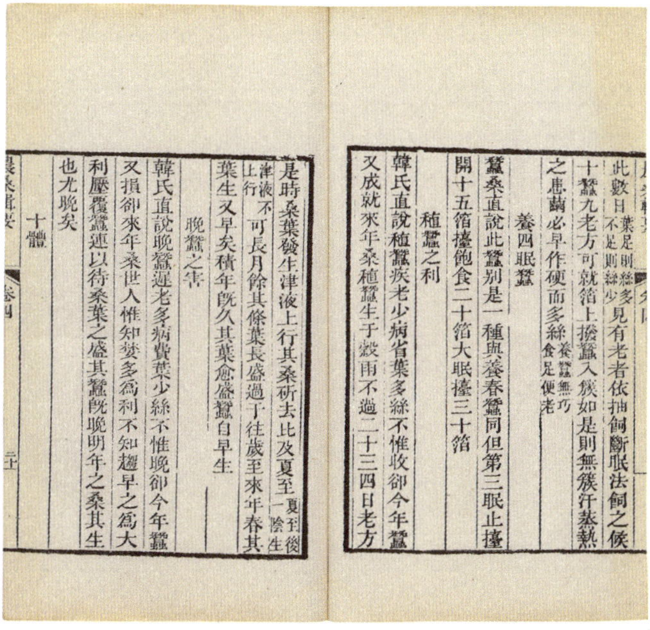

此數日（葉足則絲多不足則絲少）見有老者依抽飼斷眠法飼之候
十蠶九老方可就箔上撥蠶入簇如是則無簇汗蒸熱
之患繭必早作硬而多絲（養蠶無巧食足便老）
養四眠蠶
蠶桑直說此蠶別是一種與養春蠶同但第三眠止擡
開十五箔擡飽食二十箔大眠擡三十箔
稙蠶之利
韓氏直說稙蠶疾老少病省葉多絲不惟收郤今年蠶
又成就來年桑稙蠶生于穀雨不過二十三四日老方

是時桑葉發生津液上行其桑斫去比及夏至（夏至後一陰生津液不上行）不可長月餘其條葉長盛過于往歲至來年春其
葉生又早矣積年既久其葉愈盛蠶自早生
晚蠶之害
韓氏直說晚蠶遲老多病費葉少絲不惟晚郤今年蠶
又損郤來年桑世人惟知婪多爲利不知趨早之爲大
利壓覆蠶連以待桑葉之盛其蠶既晚明年之桑其生
也尤晚矣
十體

（元）《农桑辑要》

《农桑辑要》是中国现存最早的官修农书。该书把元代以前民间的养蚕经验总结概括为“十体、三光、八宜、三稀、五广”。

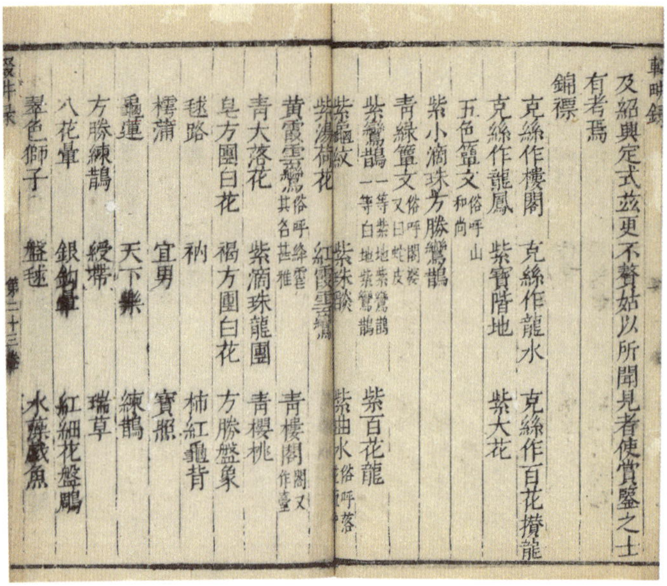
輟耕錄

及紹興定式茲更不贅姑以所聞見者使賞鑒之士有考焉

錦褾

克絲作樓閣　克絲作龍水　克絲作百花攢龍

克絲作龍鳳　紫寳階地　紫大花

五色簟文（俗呼山和尚）　紫小滴珠方勝鸞鵲

青綠簟文（俗呼闍婆又曰蛇皮）　紫鸞鵲一等（紫地紫鸞鵲一等白地紫鸞鵲）　紫百花龍

紫龜紋　紫珠㽅　紫曲水（俗呼落花流水）

紫湯荷花　紅霞雲鸞

黃霞雲鸞（俗呼緋霞其名甚雅）　青樓閣（又作臺）

青大落花　紫滴珠龍團　青櫻桃

皂方團白花　褐方團白花　方勝盤象

毬路　衲　柿紅龜背

樗蒲　宜男　寶照

龜蓮　天下樂　練鵲

方勝練鵲　綬帶　瑞草

八花暈　銀鉤暈　紅細花盤鵰

翠色獅子　盤毬　水藻戲魚

輟耕錄　第二十三卷

（元）陶宗仪《辍耕录·锦褾》

中国自宋代以来缂丝（克丝）技艺精湛，尤以大幅的缂丝画为特色。

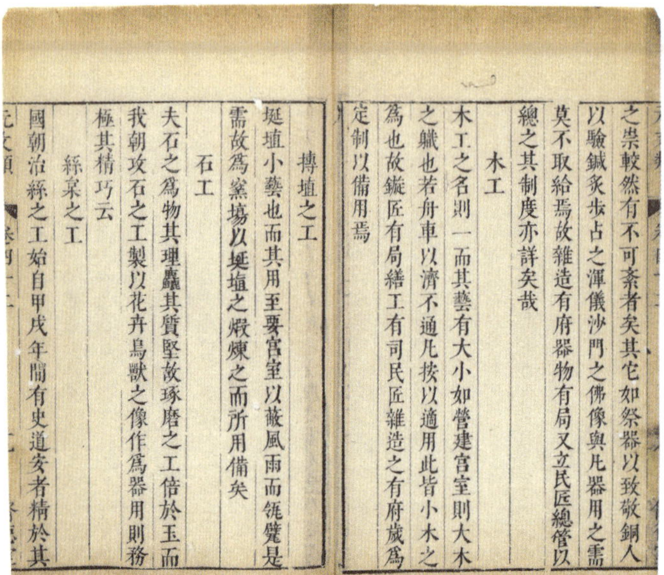
元文類

之祟較然有不可紊者矣其它如祭器以致敬銅人以驗鍼灸步占之渾儀沙門之佛像與凡器用之需莫不取給焉故雜造有府器物有局又立民匠總管以總之其制度亦詳矣哉

木工

木工之名則一而其藝有大小如營建宮室則大木之職也若舟車以濟不通凡技以適用此皆小木之為也故鏇匠有局繕工有司民匠雜造之有府歲為定制以備用焉

摶埴之工

埏埴小藝也而其用至要宮室以蔽風雨而瓴甓是需故為窯場以埏埴之煅煉之而所用備矣

石工

夫石之為物其理麤其質堅故琢磨之工倍於玉而我朝攻石之工製以花卉鳥獸之像作為器用則務極其精巧云

絲枲之工

國朝治絲之工始自甲戌年間有史道安者精於其

元文類　卷四十二

（元）苏天爵《元文类·国朝文类》

元朝在大都建立了大量专门从事织染的局、院管理机构，负责全国的“织造刺绣段匹纱罗，异样百色造作”。

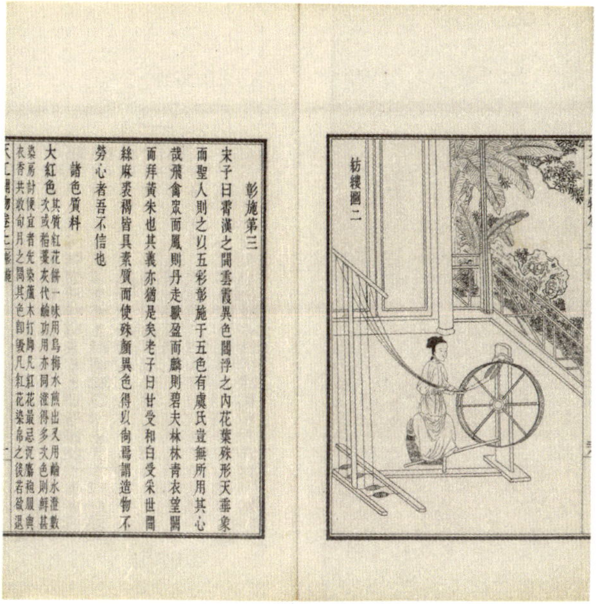
彰施第三

宋子曰霄漢之間雲霞異色閻浮之內花葉殊形天垂象而聖人則之以五彩彰施于五色有虞氏豈無所用其心哉飛禽衆而鳳則丹走獸盈而麟則碧夫林林青衣望闕而拜黄朱也其義亦猶是矣老子曰甘受和白受采世間絲麻裘褐皆具素質而使殊顔異色得以尚焉謂造物不勞心者吾不信也

諸色質料

大紅色 其質紅花餅一味用烏梅水煎出又用鹼水澄數次或稻藁灰代鹼功用亦同澄得多次色則鮮甚染房討便宜者先染蘆木打脚凡紅花最忌沉麝袍服與衣香共收旬月之間其色即毁凡紅花染帛之後若欲退

（明）宋应星《天工开物·彰施》

《彰施》共记录了26种不同的染色法。

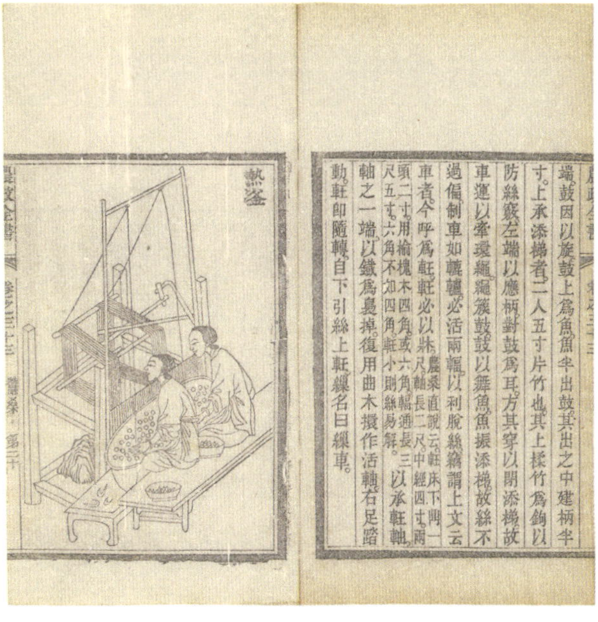

端鼓因以旋鼓上爲魚魚半出鼓其出之中建柄半寸上承添梯者二人五寸片竹也其上揉竹爲鉤以防絲竅左端以應柄對鼓爲耳方其穿以閉添梯故車運以牽環繩繩簇鼓鼓以舞魚魚振添梯故絲不過偏制車如轆轤必活兩輻以利脫絲繀謂上文云車者今呼爲軠軠必以牀農桑直說云軠床下兩頭一尺軸長二尺中經四寸兩頭二寸用榆槐木四角或六角輻通長三尺五寸六角不如四角軠小則絲易解以承軠軸軸之一端以鐵爲裊掉復用曲木擐作活軸右足踏動軠即隨轉自下引絲上軠繅名曰繅車

（明）徐光启《农政全书》

《农政全书》蚕桑一节集中记述了栽植桑树和养蚕的经验技术，并以图谱的形式形象地介绍了采桑、抽丝及纺织所用的工具。

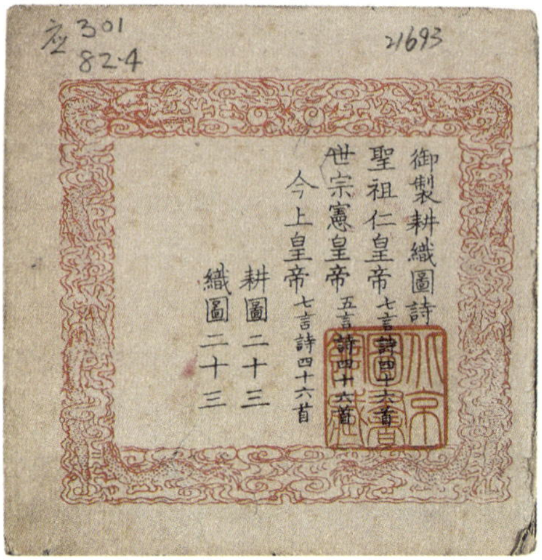
御製耕織圖詩
聖祖仁皇帝七言詩四十六首
世宗憲皇帝五言詩四十六首
今上皇帝七言詩四十六首
耕圖二十三
織圖二十三

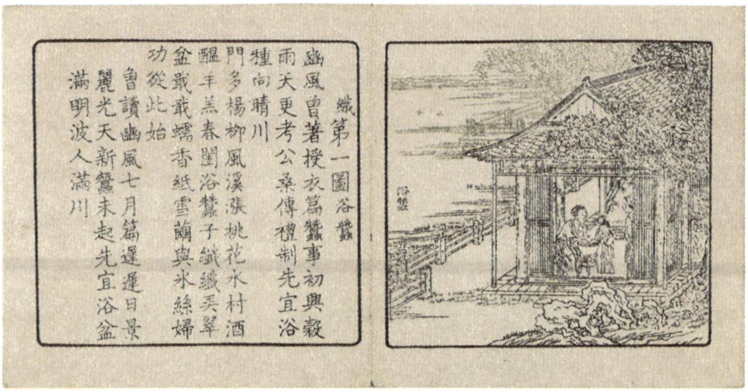
織第一圖浴蠶
豳風曾著授衣篇蠶事初興穀雨天更考公桑傳禮制先宜浴種向晴川
門多楊柳風溪漲桃花水村酒醒羊羔春閨浴蠶子纖纖妥翠盆戢戢蠕香紙雪繭與冰絲婦功從此始
曾讀豳風七月篇遲遲日景麗光天新蠶未起先宜浴盆滿明波人滿川

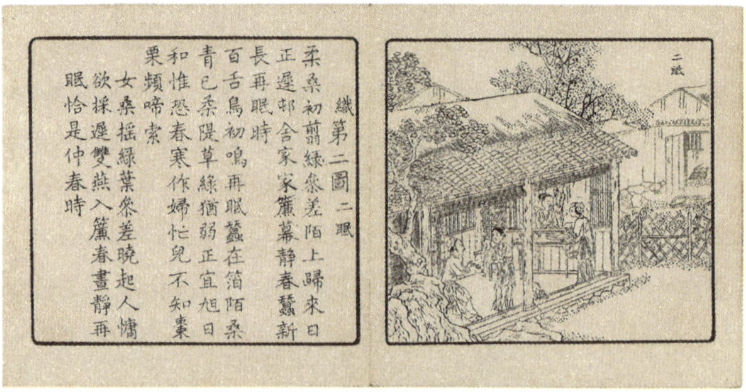
織第二圖二眠
柔桑初翦綠參差陌上歸來日正遲邨舍家家簾幕靜春蠶新長再眠時
百舌鳥初鳴再眠蠶在箔陌桑青已柔隄草綠猶弱正宜旭日和惟恐春寒作婦忙兒不知棗栗頻啼索
女桑搖綠葉參差晚起人慵欲採遲雙燕入簾春晝靜再眠恰是仲春時

（清）《御制耕织图诗》

清康熙皇帝命人绘制耕图、织图各23幅，“以颁示子孙、群臣，俾知粒食维艰，授衣匪易。”每幅图上均附诗一首，于康熙三十五年（1696）完成，并刊行。

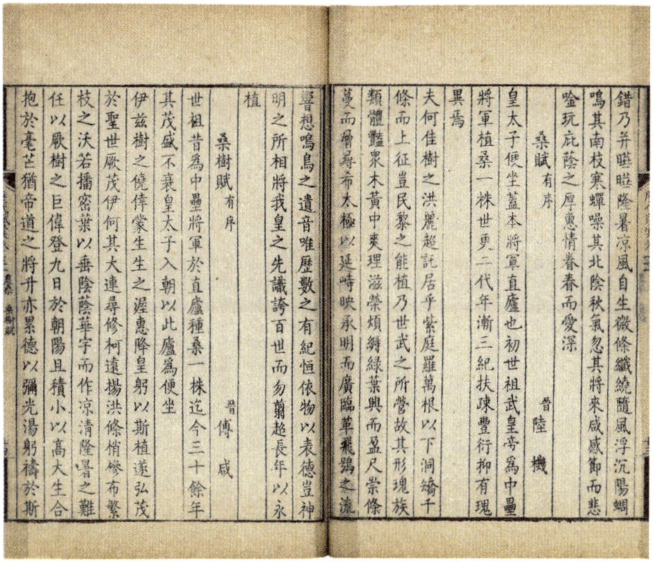
錯乃并暱暱隆暑涼風自生微條纖繞隨風浮沉陽蜩
鳴其南枝寒蟬噪其北陰秋氣忽其將來感感節而悲
唫玩庇蔭之厚惠情眷眷而愛深
桑賦有序　晉陸機
皇太子便坐蓋本將軍直廬也初世祖武皇帝爲中壘
將軍植桑一株世更二代年漸三紀扶疎豐衍抑有瑰
異焉
夫何佳樹之洪麗超託居乎紫庭羅萬根以下洞矯千
條而上征豈民黎之能植乃世武之所營故其形瑰族
類體豔衆木黃中爽理滋榮煩縟綠葉興而盈尺崇條
蔓而曾尋希太極以延峙映承明而廣臨華飛鵠之流
響想鳴鳥之遺音唯歷數之有紀恒依物以表德豈神
明之所相將我皇之先識誇百世而匆翦超長年以永
植
桑樹賦有序　晉傅咸
世祖昔爲中壘將軍於直廬種桑一株迄今三十餘年
其茂盛不衰皇太子入朝以此廬爲便坐
伊茲樹之僥倖蒙生生之渥惠降皇躬以斯植遂弘茂
於聖世厥茂伊何其大連尋修柯遠揚洪條悄慘布繁
枝之沃若播密葉以垂陰蔭華宇而作涼清隆暑之難
任以厥樹之巨偉登九日於朝陽且積小以高大生合
抱於毫芒猶帝道之將升亦累德以彌光湯躬禱於斯

（清）《御定历代赋汇·农桑》

康熙时编纂的汇集历代辞赋的大型类书，编写工作由翰林院侍读学士陈元龙主持，康熙四十五年九月完成，康熙皇帝亲为制序。

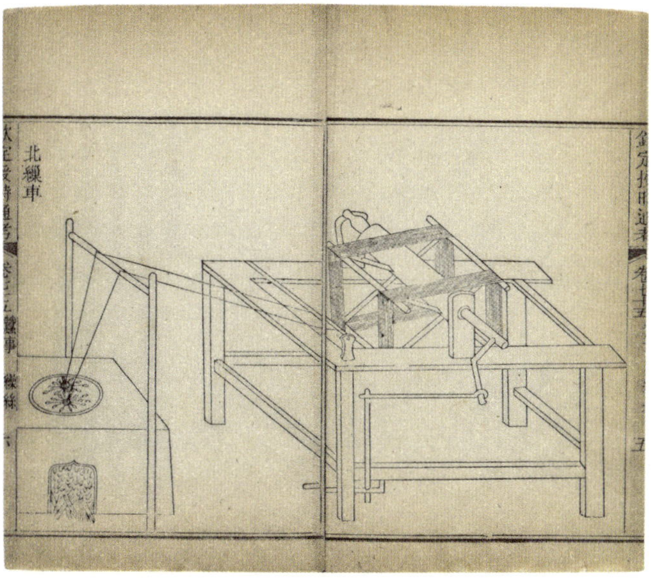

（清）鄂尔泰《钦定授时通考》

清乾隆七年（1742）鄂尔泰等奉旨编撰。沿用“敬授民时”之意，题名《授时通考》，是中国古代最后一部大型农书。

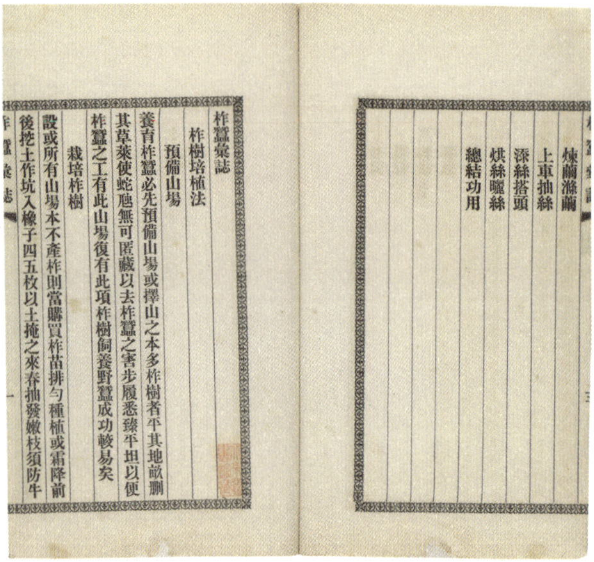

煉繭滌繭
上車抽絲
湅絲搭頭
烘絲曬絲
總結功用

柞蠶彙誌
柞樹培植法
預備山場
養育柞蠶必先預備山場或擇山之本多柞樹者平其地畝刪其草萊使蛇虺無可匿藏以去柞蠶之害步履悉臻平坦以便柞蠶之工有此山場復有此項柞樹飼養野蠶成功較易矣
栽培柞樹
設或所有山場本不產柞則當購買柞苗排勻種植或霜降前後挖土作坑入橡子四五枚以土掩之來春抽發嫩枝須防牛

柞蠶彙誌 一

（清）董元亮《柞蚕汇志》

董元亮，清光绪末年在浙江做劝业道，推广柞蚕生产，并撰写了《柞蚕汇志》一书。

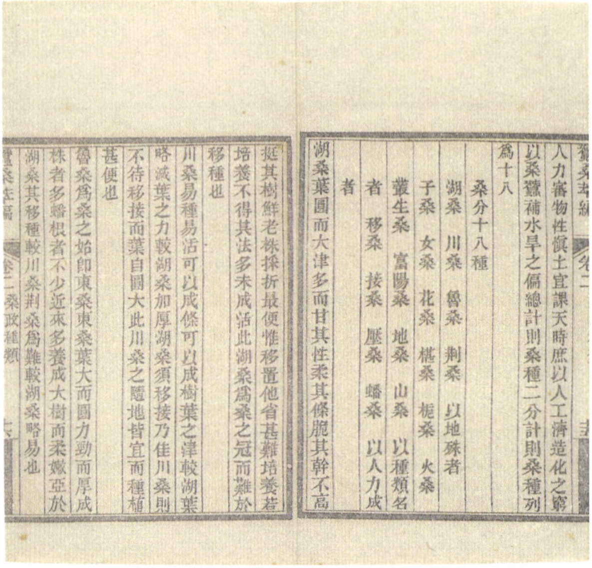

人力審物性愼土宜課天時庶以人工濟造化之窮以桑蠶補水旱之偏總計則桑種二分計則桑種列爲十八
桑分十八種
湖桑 川桑 魯桑 荆桑 以地殊者
子桑 女桑 花桑 樵桑 梔桑 火桑
叢生桑 富陽桑 地桑 山桑 以種類名者
移桑 接桑 壓桑 蟠桑 以人力成者
湖桑葉圓而大津多而甘其性柔其條脆其幹不高挺其樹鮮老株採折最便惟移置他省甚難培養若培養不得其法多未成活此湖桑爲桑之冠而難於移種也
川桑易種易活可以成條可以成樹葉之津較湖葉略減葉之力較湖桑加厚湖桑須移接乃佳川桑則不待移接而葉自圓大此川桑之隨地皆宜而種植甚便也
魯桑爲桑之始卽東桑東桑葉大而圓力勁而厚成株者多蟠根者不少近來多養成大樹而柔嫩亞於湖桑其移種較川桑荆桑爲難較湖桑略易也

蠶桑萃編 卷二 桑政 種類

（清）卫杰《蚕桑萃编》

《蚕桑萃编》是中国古代篇幅最大的一部蚕书，清末卫杰综合多种蚕书中的材料于清光绪二十年（1894）编成，共15卷。

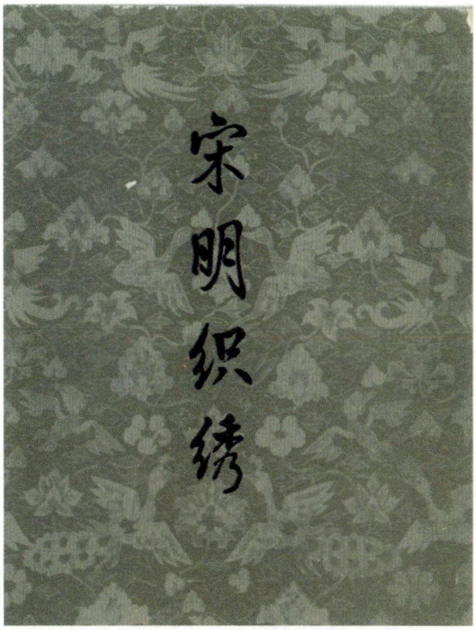

《宋明织绣》，北京：文物出版社，1983年

全书有两宋缂丝3幅，南宋刺绣3幅，顾绣6幅，共计12幅。

胡为民编撰《织绣》，上海：上海古籍出版社，1999年

此书是《南京博物院珍藏系列》中的一卷，书中所选精品也是南京博物院的代表性文物。

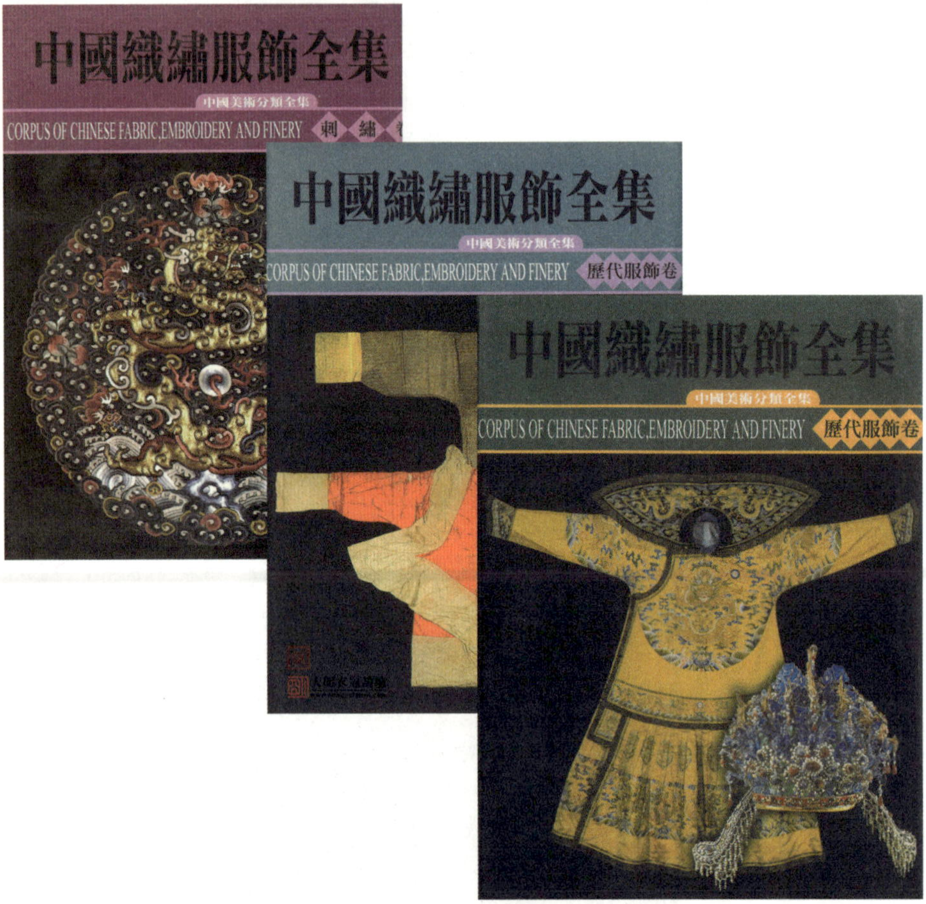

常沙娜主编《中国织绣服饰全集》，天津：天津人民美术出版社，2004–2005年

《中国美术分类全集》中的《中国纺织服饰全集》分织染卷一册，刺绣卷一册，历代服饰卷两册，少数民族服饰卷两册。

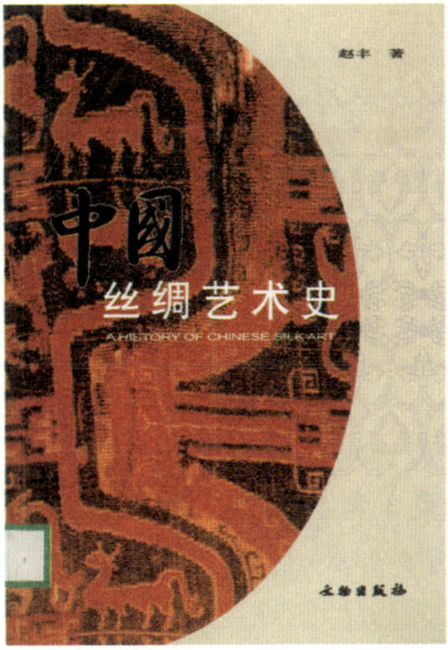

赵丰著《中国丝绸艺术史》，北京：文物出版社，2005年

该书从艺术形式和文化内涵的角度，精辟地分析了中国丝绸的科技和人文价值。

袁宣萍、赵丰《中国丝绸文化史》，济南：山东美术出版社，2009年

本书详细描述了从远古时代到近现代丝绸所承载的文化内涵，同时记录了丝绸之路上东西方物质和文化的交流与融合。

路甬祥、钱小萍等编《中国传统工艺全集·丝绸织染》，郑州：大象出版社，2005年

全书共24章，近70万字，在时间上几乎跨越了中国丝绸科技演变和发展的5000余年历程。

赵丰主编《中国丝绸通史》，苏州：苏州大学出版社，2005年

本书全面反映了中国5000年的丝绸历史，以历史年代为脉络，分十章编写。

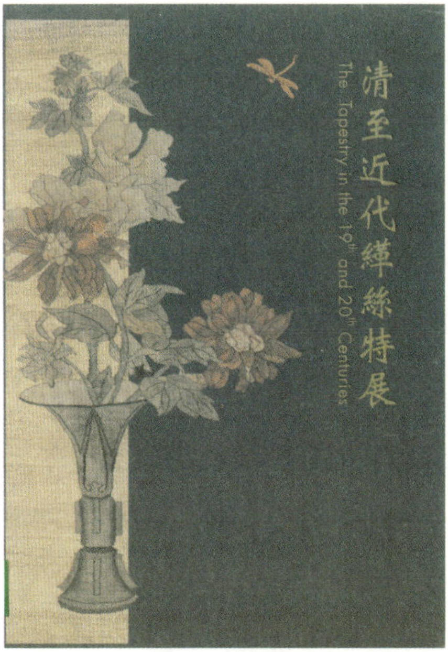

《清至近代缂丝特展》，台北：历史博物馆，2001年

《缂织风华：宋代缂丝花鸟展图录》，台北：故宫博物院，2009年

宋代缂丝以摹织书画作品为主，其中尤以花鸟作品为代表，极富观赏价值。

陈燮君、陈克伦主编《海上锦绣：顾绣珍品特集》，上海：上海古籍出版社，2007年

该书汇集了当今存世顾绣的代表之作。

曾宪阳、曾丽著《苗绣：一本关于苗绣收藏与鉴赏的书》，贵阳：贵州人民出版社，2009年

本书是了解苗绣技艺的重要文献。

主要参考书目

（东汉）许慎撰，（清）段玉裁注，黄勇译：《说文解字》，北京：中国戏剧出版社，2008年。

范顺高编：《缫丝》（第二版），北京：中国纺织出版社，1996年。

朱新予主编：《中国丝绸史（通论）》，北京：纺织工业出版社，1992年。

杨丹编著：《丝绸文化》，北京：纺织工业出版社，1993年。

钟国洪,李汉明编著：《栽桑养蚕实用技术》，广州：广东科技出版社，1994年。

陈永昊,余连祥,张传峰编著：《中国丝绸文化》，杭州：浙江摄影出版社，1995年。

赵翰生著：《中国古代纺织与印染》，北京：商务印书馆，1997年。

包铭新,赵丰编著：《中国织绣鉴赏与收藏》，上海：上海书店出版社，1997年。

（法）布尔努瓦著，耿昇译：《丝绸之路》，山东：山东画报出版社，2001年。

赵承泽主编：《中国科学技术史·纺织卷》，北京：科学出版社，2002年。

赵丰主编：《中国丝绸通史》，江苏：苏州大学出版社，2005年。

钱小萍主编：《中国传统工艺全集·丝绸织染》，郑州：大象出版社，2005年。

范雪荣主编：《纺织品染整工艺学》，北京：中国纺织出版社，2006年。

杨静编著：《服装材料学》，北京：高等教育出版社，2007年。

谷衍奎编：《汉字源流字典》，北京：语文出版社，2008年。

周匡明主编：《中国蚕业史话》，上海：上海科学技术出版社，2009年。

袁宣萍，赵丰著：《中国丝绸文化史》，山东：山东美术出版社，2009年。

包铭新主编：《丝绸之路•图像与历史》，上海：东华大学出版社，2010年。

徐德明主编：《丝绸文化100问》，浙江：浙江古籍出版社，2011年。

杨共乐著：《早期丝绸之路探微》，北京：北京师范大学出版社，2011年。

宗凤英著：《中国织绣收藏鉴赏全集》，长沙：湖南美术出版社，2012年。

中国数字科技馆网站. http://amuseum.cdstm.cn/AMuseum/silk/gy03.html

著作权声明

编后记

《丝绸中的记忆》是继《大漆中的记忆》之后，国家图书馆编撰出版的《中国记忆丛书》的第二部。

“中国记忆”项目是国家图书馆以中国现当代重大历史事件、重要人物为专题，以图书馆既有馆藏文献为基础，以口述史、影像史等新文献为补充的多载体专题文献资源库体系。项目的宗旨是“为国家存史，为人民立传”，其成果通过国家图书馆官网发布，并以《中国记忆丛书》、展览、讲座等文化形式展示、传播，服务社会。“中国记忆”项目是国家总书库的重要组成部分，是图书馆履行社会教育与文化传播职能的重要举措，是社会公众分享个人记忆、汇聚集体记忆，传承民族文化精神、开展国民教育的重要平台。

该项目的一个重要任务就是全面系统地保存中华民族重要历史记忆和文化遗产，抢救性采集重大历史事件的亲历者、重要代表性人物的口述史、影像史。目前正在进行的专题资源库建设有“东北抗日联军”、“中国年画”、“大漆髹饰”、“蚕丝织绣”、“中国当代音乐家”等，并已陆续在国家图书馆中国记忆实验网站上发布。

本书的具体分工为：

田　苗：策划全书结构和内容，并组织编写。

宋本蓉：编写“第五章　‘非遗’中的丝绸”；审定全书并统稿。

雷　强：编写“第九章　记住丝绸”，并负责提供书影。

张倩彬：编写“第三章　织造、印染、刺绣”。

戴晓晔：编写“第二章　丝绸的历史”。

刘东亮：编写“第一章　认识蚕丝”、“第四章　传说与崇拜”、“第七章　诗中丝绸”

满鹏辉：编写“第八章　丝绸之路”。

陈　琦：编写“第六章　话语丝绸”。

本书内容主要参考了《中国丝绸通史》（赵丰主编）、《中国传统工艺全集·丝绸织染》（钱小萍主编）、《中国丝绸史》（朱新予主编）等。本书图片除了由“中国记忆”项目组拍摄以外，主要由中国丝绸博物馆、南京云锦研究所、各省非物质文化遗产保护中心和各项目代表性传承人提供。需要特别说明的是，第一章中，图1 、2 、3 转引自钟国洪《种桑养蚕实用技术》，图4转引自范雪荣《纺织品染整工艺学》，图5转引自范顺高《缫丝》；第二章中，图1、4、6、7、8、9、10、11、12、13、14、15、16、17、18、19、20、21、22、23、24、25、26、27、28、29、30、31、32、33、34、37、38、39转引自赵丰《中国丝绸通史》，第三章中，图1、2、3、4、6、10转引自杨静《服装材料学》，图5、7、8、9、11、13、14、15、32转引自宗凤英《中国织绣收藏鉴赏全集》，图12、20、21、22、24、25、31、34、40转引自钱小萍《中国传统工艺全集·丝绸织染》，图19、23转引自赵翰生《中国古代纺织与印染》，图26转引自徐德明《丝绸文化100问》，图27、30、33、35转引自赵丰《中国丝绸通史》；第四章中，图1转引自杨丹《丝绸文化》，图2、3转引自佚名《绘图三教源流搜神大全》；第八章中，图1转引自包铭新《丝绸之路图像与历史》；第七章中的20张图为李北川绘制。谨此表示衷心的感谢！

特别感谢赵丰先生审阅全书，并提出宝贵意见。